外交

文化百科

世代友好邦交

郭伟伟 编著 胡元斌 丛书主编

汕头大学出版社

图书在版编目（CIP）数据

外交：世代友好邦交 / 郭伟伟编著. -- 汕头：汕
头大学出版社，2015.2（2020.1重印）
（中国文化百科 / 胡元斌主编）
ISBN 978-7-5658-1575-1

Ⅰ. ①外… Ⅱ. ①郭… Ⅲ. ①外交史－中国 Ⅳ.
①D829

中国版本图书馆CIP数据核字(2015)第020888号

外交：世代友好邦交　　　　WAIJIAO：SHIDAI YOUHAO BANGJIAO

编　　著：郭伟伟
丛书主编：胡元斌
责任编辑：宋倩倩
封面设计：大华文苑
责任技编：黄东生
出版发行：汕头大学出版社
　　　　　广东省汕头市大学路243号汕头大学校园内　邮政编码：515063
电　　话：0754-82904613
印　　刷：三河市燕春印务有限公司
开　　本：700mm×1000mm 1/16
印　　张：7
字　　数：50千字
版　　次：2015年2月第1版
印　　次：2020年1月第2次印刷
定　　价：29.80元
ISBN 978-7-5658-1575-1

前 言

中华文化也叫华夏文化、华夏文明，是中国各民族文化的总称，是中华文明在发展过程中汇集而成的一种反映民族特质和风貌的民族文化，是中华民族历史上各种物态文化、精神文化、行为文化等方面的总体表现。

中华文化是居住在中国地域内的中华民族及其祖先所创造的、为中华民族世世代代所继承发展的、具有鲜明民族特色而内涵博大精深的传统优良文化，历史十分悠久，流传非常广泛，在世界上拥有巨大的影响。

中华文化源远流长，最直接的源头是黄河文化与长江文化，这两大文化浪涛经过千百年冲刷洗礼和不断交流、融合以及沉淀，最终形成了求同存异、兼收并蓄的中华文化。千百年来，中华文化薪火相传，一脉相承，是世界上唯一五千年绵延不绝从没中断的古老文化，并始终充满了生机与活力，这充分展现了中华文化顽强的生命力。

中华文化的顽强生命力，已经深深熔铸到我们的创造力和凝聚力中，是我们民族的基因。中华民族的精神，也已深深植根于绵延数千年的优秀文化传统之中，是我们的精神家园。总之，中国文化博大精深，是中华各族人民五千年来创造、传承下来的物质文明和精神文明的总和，其内容包罗万象，浩若星汉，具有很强文化纵深，蕴含丰富宝藏。

中华文化主要包括文明悠久的历史形态、持续发展的古代经济、特色鲜明的书法绘画、美轮美奂的古典工艺、异彩纷呈的文学艺术、欢乐祥和的歌舞娱乐、独具特色的语言文字、匠心独运的国宝器物、辉煌灿烂的科技发明、得天独厚的壮丽河山，等等，充分显示了中华民族厚重的文化底蕴和强大的民族凝聚力，风华独具，自成一体，规模宏大，底蕴悠远，具有永恒的生命力和传世价值。

在新的世纪，我们要实现中华民族的复兴，首先就要继承和发展五千年来优秀的、光明的、先进的、科学的、文明的和令人自豪的文化遗产，融合古今中外一切文化精华，构建具有中国特色的现代民族文化，向世界和未来展示中华民族的文化力量、文化价值、文化形态与文化风采，实现我们伟大的"中国梦"。

习近平总书记说："中华文化源远流长，积淀着中华民族最深层的精神追求，代表着中华民族独特的精神标识，为中华民族生生不息、发展壮大提供了丰厚滋养。中华传统美德是中华文化精髓，蕴含着丰富的思想道德资源。不忘本来才能开辟未来，善于继承才能更好创新。对历史文化特别是先人传承下来的价值理念和道德规范，要坚持古为今用、推陈出新，有鉴别地加以对待，有扬弃地予以继承，努力用中华民族创造的一切精神财富来以文化人、以文育人。"

为此，在有关部门和专家指导下，我们收集整理了大量古今资料和最新研究成果，特别编撰了本套《中国文化百科》。本套书包括了中国文化的各个方面，充分显示了中华民族厚重文化底蕴和强大民族凝聚力，具有极强的系统性、广博性和规模性。

本套作品根据中华文化形态的结构模式，共分为10套，每套冠以具有丰富内涵的套书名。再以归类细分的形式或约定俗成的说法，每套分为10册，每册冠以别具深意的主标题书名和明确直观的副标题书名。每套自成体系，每册相互补充，横向开拓，纵向深入，全景式反映了整个中华文化的博大规模，凝聚性体现了整个中华文化的厚重精深，可以说是全面展现中华文化的大博览。因此，非常适合广大读者阅读和珍藏，也非常适合各级图书馆装备和陈列。

目 录

纵横捭阖

始通世界

纵横捭阖

　　春秋战国是我国历史上的上古时期。这一时期是我国思想发展高峰。在这个百家争鸣的时代，出现了一大批著名外交家，如郑庄公、晏婴、张仪、苏秦、蔺相如、范雎。

　　他们为了实现自己的政治抱负，积极奔走，坚持不懈地游说诸侯，以敢于面对强权的勇气和机变百出的辞令，捍卫了国家的主权，维护了个人的尊严。

　　他们的外交实践，不仅为自己的国家作出了贡献，也为后世的外交提供了足可借鉴的历史经验。

不畏强权的外交家晏婴

晏婴（前578年～前500年），字平仲，又称晏子，夷维，即今山东高密人。春秋后期的齐国大夫，国相，以生活节俭、谦恭下士著称。他是春秋后期一位著名的政治家、思想家和外交家，被后世称为晏子。

晏婴在外交中颇为机敏睿智，他的外交生涯有声有色。不管是在国内接待使臣，还是出使他国，他都不卑不亢，有礼有节，用语委婉，既维持了个人人格，又维护了国家尊严。他爱国忧民，敢于直谏，在诸侯和百姓中享有极高的声誉。

晏婴是春秋时齐国人。他的父亲晏弱为齐国大夫，被分封于晏，也就是今天的山东省齐河县的晏城，所以晏弱以晏作为自己的姓氏。晏弱的后代也沿用晏姓，形成了晏姓的一支。

　　晏弱死后，晏婴继任齐卿，历任齐国三朝的卿相，辅政长达50余年。晏婴在外交方面主张与邻国和平相处，不事挞伐。齐景公要伐鲁国，他劝景公以礼对待鲁国，以明德政，齐景公于是不伐鲁。此举受到许多诸侯国的赞誉。

　　春秋中后期，诸侯纷立，战乱不息，中原的强国晋国谋划攻打齐国。为了探清齐国的形势，晋国便派大夫范昭出使齐国。

　　齐景公以盛宴款待范昭。席间，正值酒酣耳热，均有几分醉意之时，范昭借酒劲向齐景公说："请您给我一杯酒喝吧！"

齐景公回头告诉左右侍臣道："把酒倒在我的杯中给客人。"

范昭接过侍臣递给的酒，一饮而尽。

晏婴在一旁把这一切看在眼中，厉声命令侍臣道："快扔掉这个酒杯，为主公再换一个。"

依照当时的礼节，在酒席之上，君臣应是各自用个人的酒杯。范昭用齐景公的酒杯喝酒违反了这个礼节，是对齐国国君的不敬，范昭是故意这样做的，目的在于试探对方的反应如何，但还是被晏婴识破了。

范昭回国后，向晋平公报告说："现在还不是攻打齐国的时候，我试探了一下齐国君臣的反应，结果让晏婴识破了。"

范昭认为齐国有这样的贤臣，现在去攻打齐国，绝对没有胜利的把握。晋平公因而放弃了攻打齐国的打算。

靠外交的交涉使敌人放弃进攻的打算，即现在"折冲樽俎"这个典故，就是来自晏婴的事迹。

春秋末期，齐、楚都是大国。有一回，齐王派大夫晏婴去访问楚国。楚灵王仗着自己国势强盛，想乘机侮辱晏婴，显显楚国的威风。

晏婴入朝时，为了嘲讽晏婴短小的身材，楚国派身材高大的武士罗列在两旁迎候。

晏婴对楚国陪同的人说："我是为二国友好交往而来，并不是来与贵国交战的。把这些武士撤下去吧。"

陪同的人只得尴尬地喝退武士。

晏婴进入朝门，楚国几十员大臣等候着。楚郊尹斗成然首先发话："听说齐国在姜公封国时，强于秦、楚，货通鲁、卫，而自从桓公之后，屡遭宋、晋侵犯，朝晋暮楚，齐君臣四处奔波臣服于诸侯。但凭景公之志、晏婴之贤，并不比桓公、管仲差呀，这是为什么？"

晏婴说："兴败强衰，乃国之规律，自楚庄王后，楚国不是也屡次遭到晋、吴两国的打击吗？我们景公识时务，与诸侯平等交往，怎么是臣服呢？你的父辈作为楚国的名臣，不也是这么做的吗？难道你不是他们的后代？"

斗成然羞愧而退。

楚大臣阳丐上前一步说："听说你很善于随机应变、左右逢源，然而，齐国遭遇崔庆之乱，齐多少忠臣志士为讨伐二人而献出生命？你作为老臣，既不能讨贼，又不能退位，更不能以死相拼，你留在朝廷还有何用？"

晏婴说："抱大志者，不拘小节；庄公之死有他自身的错误。我之所以留身于朝中，是要扶助新君立国、强国之志，而非贪图个人的性命。如果老臣们都死了，谁来辅佐君王呢？"

阳丐自知无趣退下。

楚右尹郑丹上前逼问："你说得太夸耀，崔庆之乱中高、陈等相并，你只是隔岸观火，并不见你有什么奇谋？"

晏婴答："你只知其一，不知其二，崔庆之盟，我未干预；四族之难，我正在保全君王，这正是亦柔亦刚，怎么说是旁观呢？"

郑丹无话可答。

楚灵王的车右囊瓦指问："我听说君王将相，都是魁梧俊美之相，因而能立功当代、留名后人。而你身不满5尺，力不能胜一鸡，你不觉得羞愧？"

晏婴坦然自若地回答："我听说秤砣虽小，能压千斤，舟桨虽长，不免为水浸没；纣王勇武绝伦，不免身死国亡，为什么呢？你自以为高大，还不是只能为楚王御马吗？我虽然不才，但能独当一面，忠心为国效犬马之力。"

囊瓦羞愧难当。

楚大夫伍举见大家难当晏婴，忙解围说："晏婴天下奇才，你们怎么能跟他较劲呢？算了，楚王等着召见呢！"

后来，晏婴与楚灵王斗智斗勇，又是一段佳话！

第一次是楚灵王嘲笑齐国无贤人，竟然派晏婴来出使楚国。晏婴说齐国按国家档次不同派的人也就不同，他是使者中最不中用的。楚灵王没能羞辱到晏婴。

第二次是楚灵王故意抓来了一个齐国的盗贼，并当着大臣的面嘲笑齐国。晏婴却回答说不同的国家出不同的人，我国风调雨顺人民安居乐业，可他一到楚国却就成为了盗贼。楚灵王又没能羞辱到晏婴。

类似上面晏婴出使楚的故事还很多。晏婴凭自己的智慧，挫败了一些国家有辱齐国国格和晏婴人格的阴谋，他的名声也越来越大，成为著名的外交家。

外交无小事，尤其在牵涉到国格的时候，更是丝毫不可侵犯。晏婴以"针尖对麦芒"的方式，多次赢得外交的胜利，不仅是因为晏婴的智慧，还是因为晏婴的背后有一个强大的国家在支撑着他。

拓展阅读

晏子很有智慧。有一次，齐景公问晏子："东海里边，有古铜色水流。在这红色水域里边，有枣树，只开花，不结果，什么原因？"

晏子回答："从前，秦缪公乘龙船巡视天下，用黄布包裹着蒸枣。龙舟泛游到东海，秦缪公抛弃裹枣的黄布，使那黄布染红了海水，所以海水呈古铜色。又因枣被蒸过，所以种植后只开花，不结果。"

景公不满意地说："我假装着问，你为什么对我胡诌？"

晏子说："我听说，对于那些假装提问的人，也可以虚假地回答他。"

张仪的连横外交谋略

战国时期兵荒马乱、诸侯国并立，人们的思想得到空前解放，出现了纵横家、儒家、墨家、法家等诸家百家争鸣的局面。

各家为了实现自己的政治抱负，积极奔走于各诸侯国，为统治者服务。

张仪顺应时势，出仕秦国，在秦国外交舞台光彩夺目，尽显"连横"的外交才华，为秦国统一事业做出了巨大贡献。

张仪，生年不详，卒于公元前310年，还有说是公元前309年。他出生在战国一动乱时期，他出身卑微，曾师从鬼谷子学习纵横之术，有着杰出的才华和勃勃雄心。

当时的诸侯国为了建立强大的国家，对人才极其需要，秦国就是诸侯国之中最有代表的一个。

秦惠文王礼贤下士、招揽人才，许多秦国以外的"士"，纷纷投向秦国。张仪顺势而出，来到了秦国。

见到秦惠文王，张仪一吐为快，向秦王吐露了自己的"连横"策略。秦王沉浸在张仪所描绘的美丽蓝图之中，于是拜他为客卿，直接参与谋划讨伐诸侯的大事。由此，张仪为实现自己的外交才能迈出了重要的一步。

公元前328年，张仪与公子华带兵攻打魏国，一举拿下魏国的蒲阳城。张仪乘机推行自己的"连横"政策，建议秦王把蒲阳，即今山西隰县归还魏国，并且派公子繇到魏国去做人质，而他将利用护送公子繇入魏的机会与魏王接近，游说魏王投靠秦国。

对魏外交的成功与否，关系着张仪未来的"连横"策略的命运。既然魏在张仪外交思想中如此重要，当然他不能有丝毫马虎。

入魏后，张仪对魏王说："秦国对待魏国可是真心实意的好啊！得到城邑不说，反而又送人质来到魏国，魏国怎么说也不应对秦国失礼呀，应该想办法来报答一下吧？"

"怎样报答呢？"魏王问道。

张仪说："秦国只喜欢土地，魏国如果能送一些地方给秦国，那么，秦国一定会把魏国视为兄弟之国的。如果秦魏结成联盟，合兵讨伐其他诸侯国，魏国将来从别的国家取得的土地肯定会比送给秦国的土地多很多倍。"

魏王被张仪说动了心，于是把上郡15县和河西重镇少梁献给了秦国，从此秦魏和好。张仪的连横政策首战告捷。至此，黄河以西地区全部归秦所有。

战国纵横家书

自齐献书于燕王曰·燕齐之恶也久矣·臣处于燕齐之交·固知其将不信·臣之计曰·齐必为燕

大患·臣循用于齐大者可以使齐毋谋燕·次可以恶交齐少（赵）之交·以便王之大事

谓燕王曰·今日愿藉于王前假臣孝如曾参·信如尾生廉如伯夷·即有恶臣者·可毋惭乎

对曰·自复而足·楚将不出沮漳·秦将不出商於·齐不出吕隧·燕将不出屋注·晋将

不逾太行·此皆以不复其常□为者·

张仪回到秦国后，立即被秦王提拔为掌握军政大权的最高官职。公元前326年，惠文王任命张仪为将，率兵攻取魏国的陕，并将魏人赶走，同时在上郡筑关塞。这一事件引起魏国的极大惶恐，于是接连两次与齐威王相会，企图依靠齐国对抗秦国。

张仪采取了更为机智的外交手段，于公元前323年，约集齐、楚、魏三国执政大臣相会，试图为魏国调停，以讨好和拉拢魏国。

魏惠王接受了张仪联合秦、韩以对付齐、楚的政策。次年，魏太子和韩太子入秦朝见。

为了使魏国进一步臣服于秦国，张仪于公元前322年辞掉秦国相位，前往魏国。魏王因其大名，立即用他为相。

张仪当上魏相国以后，便寻机为秦国拉拢魏王。他说："魏国土地纵横不到千里，士兵不超过30万。大王如果不侍奉秦国，秦国出兵攻打黄河以南，占据卷地、衍地、燕地、酸枣，胁迫卫国，夺取阳晋，那么赵国不能向南支援魏国，魏国就不能向北联系赵国；魏国不能向北联系赵国，合纵联盟的通路就断了；合纵联盟的通路一断绝，那么大王的国家要不危险就不可能了。"

　　"如果秦国说服韩国攻打魏国，魏国害怕秦国，秦、韩两国一致对付魏国，魏国的灭亡就可以跷起脚来等待了。这是我替大王担忧的问题。"

　　魏王思量再三，最后同意了张仪的观点。不久，魏王派太子入秦朝见，向秦表示归顺。

　　张仪在魏国担任了4年相国，于公元前318年又回到秦国，秦惠文王仍然启用他为相。

　　公元前317年，秦惠王针对五国的合纵攻秦，派樗里疾率秦军在修鱼与魏、赵、韩三国联军决战，联军大败。此后，秦不断进攻韩、赵、魏三国，迫使韩国屈服，魏国的内政也受到秦国干涉。秦国在张仪的"连横"外交谋略运用中越来越强大。

　　修鱼之战过后，齐国出兵打败了赵国和魏国，并与楚国结成联盟。齐是东方的强国，楚则虎视于南方。因此，齐楚联盟成了秦国的心腹之患。

为了离间齐楚联盟，削弱齐楚力量，达到秦向东扩张这一关键步骤，张仪再次辞掉秦国相位，向南去拜见楚王，施展他的外交本领。

张仪到楚之后，他首先派人买通楚怀王的宠臣靳尚，利用其取得楚怀王信任，然后着手离间齐楚关系。

张仪对怀王说："我们秦王所敬重的人没有谁能超过大王您，即使我张仪愿意为臣下的也首推大王您；我们秦王所憎恶的人没有谁能比得上齐王，就是我张仪也最憎恨齐王。齐国虽然和秦国曾经是婚姻之国，然而齐国对不住秦国的地方太多了。"

"现在我们秦国想讨伐齐国，所以我们秦王就不能侍奉大王了，我张仪也没法做大王您的臣子。如果大王能够与齐国断绝关系，臣下将请求秦王把商於六百里地方献给楚国。这样，齐国就一定会被削弱，齐国被削弱了，大王就可以使役齐国。这是向北削弱齐国、向西施德于秦，而您自己居有商於之地的一计三利之事情。"

楚怀王十分高兴地应允了张仪。大臣们也都向楚王庆贺，楚国上下皆大欢喜。

张仪虽然说动楚怀王，但楚国不乏有识之士。原来在秦国用事的陈轸，在张仪为相后来到楚国，对张仪的意图非常清楚。他劝怀王不要听张仪之言，以防被欺而又和齐国断绝关系。

但楚怀王早被张仪的说辞所迷惑，又利欲熏心，根本听不进陈轸的意见，他一面派人去齐宣布断交，一面派人跟随张仪去接收土地。而且把楚国相印交给张仪。

张仪回秦后，称病3月不上朝。楚怀王这边得不到土地，以为秦嫌楚与齐断绝关系不够坚决。因此，他特派勇士前去辱骂齐王。齐王大怒，一面与楚彻底断交，一面派人入秦与秦王商议共同伐楚。

目的达到了，这时张仪出见楚国使者，告诉他从某至某，广袤若干里送给楚王。

楚国使者禀报楚怀王。楚怀王一听暴跳如雷，大骂张仪是出尔反尔的小人，气冲冲地要兴兵伐秦。

此时，陈轸又建议楚怀王联秦抗齐。但楚怀王盛怒之下，一心只想报复张仪，又一次拒绝了陈轸的正确意见，派兵进攻秦国。

公元前312年，楚国与秦齐大战于丹阳，结果楚军大败，主要将领共70余人被俘，8万楚军被消灭，汉中郡也被秦夺走。

战败消息传来，楚怀王简直气得发昏。在狂热的复仇情绪的支配下，他调动楚国全部军队进攻秦国。由于孤军深入，楚军又败于蓝田。

这时，韩魏两国也乘机向南进攻楚国，一直打到邓邑。楚腹背受敌，急忙撤军，只好割了两个城邑向秦国求和。

在形势大大有利于秦国的前提下，张仪马上又出使其他几国，使他们纷纷连横亲秦。他也因此被秦王封为武信君。

张仪运用纵横之术，游说于魏、楚、韩等国之间，利用各个诸侯国之间的矛盾，或为秦国拉拢，使其归附于秦；或拆散其联盟，使其力量削弱。但总的来说，他是以秦国的利益为出发点的。

张仪的"连横"战略被秦国后来的统治者继续采用。虽然原本与秦国"连横"的诸侯国后来纷纷背离秦国，重新"合纵"抗秦，但因彼此之间存在的利益冲突，使秦国始终能够以"横"破"纵"，最后将其他六国逐个击破，完成中华民族历史上的第一次统一。

作为一个杰出的外交家，张仪圆满地完成了每次外交任务，从外交战略的层面为秦国统一奠定了基础。

同时，作为纵横家的鼻祖之一，张仪开创了国际关系的新局面，即在军事威慑的前提下，通过和平的外交手段维护国家利益，他的外交策略和雄辩技巧为后世的外交家们提供了一种值得借鉴的范式。

拓展阅读

张仪从鬼谷子那里学业期满，回到魏国后因不被重用不得已远去楚国，投奔在楚相国昭阳门下。

一日，昭阳与其百余名门客出游，饮酒作乐之余，昭阳拿出楚威王赏赐的"和氏之璧"给大家欣赏，不想传来传去，最后"和氏璧"竟然不翼而飞，大家认为，一定是被贫困的张仪拿走了。

昭阳严刑逼供，张仪被打得遍体鳞伤。张仪回到家，问妻子"我的舌头还在吗？"

妻子告诉他还在，张仪苦笑着说"只要舌头在，我的本钱就在，我会出人头地的。"

苏秦的合纵外交谋略

苏秦是战国时期的洛阳人，当时的洛阳归周王室直属。苏秦最为辉煌的时候是劝说6个诸侯国联合抗秦，其辞令堪称精彩。

他曾身佩六国相印，以一己之力促成山东六国合纵，使强秦不敢出函谷关15年，叱咤风云。

后世敬仰他的成就，以形象的"苏秦背剑"来命名武术定式，其实就是取其纵横捭阖之意。

苏秦出身农家，素有大志，他曾随鬼谷子学习纵横捭阖之术多年。后来苏秦通过刻苦学习，对时局有了全面透彻的掌握，便制定了一系列针对时势的纵横战略，然后开始到各诸侯国去宣传他的"合纵"主张。

　　苏秦到了燕国，对燕文公说："燕国没受到秦国的侵略，是因为西边有赵国挡住秦国。可是赵国要来打燕国，早上发兵，下午就能到。您不跟近邻的赵国交好，反倒把土地送给挺远的秦国，这种做法很不好。要是主公用我的计策，先跟邻近的赵国订立盟约，然后再去联络中原诸侯一同抵抗秦国，燕国才能安稳。"

　　燕文公很赞成苏秦的办法，就给他准备了礼物和车马，请他去和赵国联络。

　　苏秦到了赵国，对赵肃侯说："如今秦国最注目的就是赵国。秦国不敢发兵来侵犯，是因为西南边有韩国和魏国挡住秦国，要是秦国去打韩国和魏国，韩国、魏国投降了，赵国可就保不住了。"

"赵、韩、魏、燕、齐、楚的土地比秦国大5倍，军队比秦国多10倍。要是六国联合起来一同抵抗秦国，还怕打不过它吗？为什么一个个都送自己的土地去奉承秦国呢？六国不联合起来，单独地向秦国割地求和，绝不是办法。"

"要知道六国的土地有限，秦国的贪心不足。要是您约会诸侯，结为兄弟，订立盟约，不论秦国侵犯哪一国，其余五国一同去帮它。这样，秦国还敢欺负联合起来的六国吗？"

赵肃侯十分赞赏苏秦的计谋，让他掌管国家的外交，还给了他100辆装饰一新的车子、1000两黄金、100双玉璧、1000匹锦绣，让他约请各国诸侯加盟。

正在这时，赵国的边界上来了报告，说秦国把魏国打败了，魏王割让10座城给秦国求和。赵肃侯担心秦国马上要来打赵国，让苏秦想个法子。

　　怎样才能叫秦国不打赵国呢？苏秦就利用他在鬼谷子处学习时的同学张仪到秦国去说服秦王连横。张仪对秦惠文王说："要是咱们发兵去打赵国，那么韩、魏、楚、齐、燕一同出兵帮它，咱们该对付哪个好呢？越逼得紧，人家越怕，越害怕就越需要联合起来共同抵抗。还不如去联络六国中的几个诸侯，把多数拉过来再打少数。"

　　秦惠文王依张仪的建议，暂时就不向赵国进攻了。

　　赵肃侯知道秦国不来打赵国了，就派苏秦去说服各国诸侯联合起来抗秦。

　　苏秦到了韩国，对韩王说："韩国可是泱泱大国，方圆900多里，有几十万军队，天下的强弓、劲弩、利剑都出自韩国。韩国士兵双脚踏弩射箭，能连射百发以上。用这样勇猛的士兵，披上坚固的盔甲，张起强劲的弓弩，手持锋利的刀剑，说一个顶百个也不夸张。"

　　"大王若是屈服秦国，秦国必定索要宜阳、成皋两城，今年满足了它，明年还会要求割别的土地。再给它已无地可给，不给又前功尽弃，要蒙受后祸。"

"大王的土地有限而秦国的贪欲没有止境，以有限的土地来迎合无穷的欲望，这正是自找苦吃，没打一仗就丢光了土地。俗话说：'宁为鸡首，毋为牛后。'大王您这样贤明，拥有韩国的强兵，而落个'牛后'的名声，那时我在背地里也要为您感到害羞了！"

韩王觉得苏秦说得十分有理。

苏秦到了魏国后，对魏惠王说："大王，您的国土虽然不大，但是城市化的程度真是已经很高了，您看啊，这车马络绎不绝，到处是一片繁荣的景象，不止这样，您还有无数敢死队，个个都是硬汉，您的实力绝不在楚国之下，这样的资源，怎么能拱手让给秦国啊！"

魏惠王听从了苏秦的劝说。

苏秦到了齐国，对齐宣王说："齐国四面都有要塞，方圆2000余里，披甲士兵几十万，粮草堆积如山。相比之下，韩国、魏国之所以十分害怕秦国，是因为与秦国接壤，出兵对阵，作战用不了10天，就到了生死存亡的关头。韩国、魏国如果打败了秦国，自身也会损伤过半，难守边境；如果败给秦国，那紧接着国家就会面临灭亡的危险。所以，韩国、魏国对与秦国作战十分慎重，常常表示屈服忍让。"

"现在秦国要进攻齐国就不是这样了。它要背向韩、魏，经过卫国阳晋的道路，途经险要地段，战车不能并排前进，战马不能并排奔跑，只要有100人扼守险要，哪怕有1000人也不敢通过。秦军虽然想深入齐国但有后顾之忧，害怕韩、魏在后面谋算它。"

齐宣王说："既然如此，该如何办呢？"

苏秦回答说："圣人做事，能够转祸为福，因败取胜。大王可以听从我的意见，不如归还燕国的10座城邑，并用谦恭的言辞向秦国道歉。当秦王知道大王是因为他的缘故而归还了燕国的10座城邑，一定感激大王。"

"燕国平白无故收回城邑，也会感激大王，如此，大王不就避开了强敌，反而和他们建立了深厚的友谊吗？再说燕秦都会讨好齐国，那么大王发号施令，天下诸侯又有谁不会听从呢？大王只用话语表示亲近秦国，又以10座城邑取得天下的支持，这可是霸主的事业，也是所谓转祸为福，因败建功的好办法。"

齐宣王听后非常高兴，于是把燕国的10城送回，随后又送千金表示致歉，并在一路上叩头，希望结为兄弟之邦，恳请秦国赦罪。

苏秦来到楚国，对楚威王说："楚国其实是个强国。楚国地多，人多，钱也多，这样霸主的资格，是无人能敌的！您和秦国现在势不两立，不如联合其他国家，您做大王，我让那些小国马上给您进贡来，您怎么能放着这眼前的利益都不要，反而要去割地向秦求和呢？"

接着，苏秦又对楚威王分析了合纵与不合纵的种种利害关系。经过一番唇枪舌战后，最终，楚威王也采纳了苏秦的合纵主张。

苏秦威风凛凛地周游列国，"以三寸之舌为帝王师"，说得韩、魏、楚、齐各路诸侯怦然心动，趋之若鹜、言听计从。

公元前333年，赵、燕、韩、魏、齐、楚六国开始结盟。苏秦作为六国的相国，同时作为纵约长主持了六国联盟仪式。六国诸侯首脑，告拜天地，订了盟约。

苏秦与六国约定互相和睦相处、合纵抗秦之后，回到了赵国，赵肃侯封他为武安君。苏秦把六国合纵的协约送给了秦王，秦王大惊，在15年之中没敢派兵东出函谷关。

苏秦的说辞，汪洋恣肆，犀利流畅，气势磅礴，大有一发而不可收之势。其说辞或夸张、或描写、或排比、或比喻，有时形象对比，有时引经据典，有时渲染气氛，有时动之以情，有时说之以理，从而形成他独特而雄辩的外交辞格。

六国合纵，本来就是从各自的利益出发，所以根基不深。后来，秦国派公孙衍出使齐国、魏国，动员他们一起征伐赵国，以此来破坏六国合纵。苏秦离开赵国，合纵联盟瓦解了。

拓展阅读

苏秦年轻时曾在许多地方做事，但没做出什么成绩，连家里人都瞧不起他。苏秦十分伤心，决定从此发愤读书。

他每天天不亮就起床读书，一直到深夜。有时学习时打盹，苏秦怕耽误读书，就准备一把锥子在身边，一有困意就用锥子猛刺大腿一下，这样一疼，他立刻就清醒起来，振作精神继续读书。

这就是"锥刺股"的故事。由于苏秦刻苦读书，后来他又走出家门到外面做官，曾经任战国时期几个国家的相国，成为当时著名的外交家。

范雎远交近攻外交战略

　　范雎，生年不详，卒于公元前255年，字叔，战国时魏国人。著名政治家、军事谋略家。封地在应城，今河南鲁山之东，所以又称为"应侯"。范雎是战国末期秦国外交名家。他上承秦孝公时变法图强之志，下开秦始皇统一帝业，是秦国历史上继往开来的一代名相。

　　他是我国古代在外交方面极有建树的谋略家，其"远交近攻"之策，是他对秦国的伟大贡献，也是我国古代兵家计谋和军事谋略学的宝贵遗产。正是在这一策略的指引下，秦国才一步一步完成了统一大业。

　　秦朝丞相李斯在《谏逐客书》中曾高度评价范雎对秦国的建树和贡献："昭王得范雎，强公室，杜私门，蚕食诸侯，使秦成帝业。"

范雎原为魏国人，当初，他很想为魏国建立功业，只因家贫无法得见魏王，便投在中大夫须贾门下当门客。

魏昭王让须贾出使齐国，命范雎随往。到达齐国后，范雎的雄辩之才深得齐王敬重。齐王想留下他任客卿，还赠送黄金十斤，牛、酒等物，但都被范雎谢绝了。

不料须贾心胸狭隘，怕范雎抢占头功，回国后不仅不赞扬他的高风亮节，反而向国相魏齐诬告范雎私受贿赂，向齐国泄露魏国秘密。

魏王大怒，命人毒打范雎，还把他丢在了厕所里，使他受尽了侮辱。但范雎机智地买通看守，谎称已经死去，逃出了地狱，化名藏匿于民间。

范雎避祸时正值战国末期，七雄争霸。秦国经商鞅变法之后，势力发展最快，到秦昭王时，开始图谋吞并六国，独霸中原。

公元前270年,秦昭王准备兴兵伐齐。第二年,秦昭王派遣王稽出使魏国。这时,范雎的朋友郑安平趁机向王稽推荐了范雎。在王稽与范雎一夜长谈之后,认定范雎是个不可多得的人才,几经磨难,将他带回了秦国。

到了秦国后,范雎通过王稽献书秦昭王。他在信中说道:"我听说英明的君主执政,对有功于国者给予赏赐,有能力的人委以重任;功大者禄厚,才高者爵尊。故不能者不敢当职,有能者也不得蔽隐。而昏庸的君主则不然,赏其所爱而罚其所恶,全凭一时感情使然……"

"我听说善于使自己殷富者大多取之于国,善于使国家殷富者大多取之于诸侯。如果天下有了英明的君主,那么诸侯便不能专权专利了,这是为什么呢?因为明主善于分割诸侯的权力。良医可以预知病人之死生,而明主则可以预知国事的成败。利则行之,害则舍之,疑则少尝之，即使是舜禹再生，也不可能改变呀！"

"有些话，在这封信里我是不便深说的，说浅了又不足以引起大王的注意……我希望大王能牺牲一点游玩的时间，准我望见龙颜。如果我所讲的对于治国兴邦之大业无效，我愿接受最严厉的惩罚。"

范雎的话击中了秦昭王的心病。秦昭王处在宗亲贵戚的包围中，贵族私家富厚日趋重于王室，早有如芒刺在背之感，对这样的谏词自然十分关切。由此可见，范雎不仅胸藏治国韬略，而且工于心计。

秦昭王看了信很高兴，听了王稽的建议，派专车去接范雎。范雎来到秦宫，接待他的规格很高，秦王亲自到大厅迎接。因此，凡是见到范雎的人，无不肃然起敬，刮目相看。

秦王屏退左右，宫中只剩下他们两人，秦王跪身向范雎请求说："先生怎样来教导我呢？"

范雎只是"嗯、嗯"两声。

过了一会儿，秦王再次请求，范雎还是"嗯、嗯"两声。就这样一连三次。秦王又拜请说："先生难道真的是不教我了吗？"

范雎试出了秦王的诚心，便巧妙地先从颂扬秦国开始，经过充分的铺垫，最后才点出了秦国的弊端隐患："大王现在紧闭关口，不敢出兵对付山东诸侯。长此以往，大者宗庙倾覆，小者自身孤危。这是臣最恐惧的。"

其实，这些弊端虽确有之，但属细枝末节，并非治理秦国的当务之急。范雎所以要论及此事，意在用"强干弱枝"，即主要颂扬秦国以迎合秦昭王。秦昭王果然与他推心置腹。

范雎虽已取信于秦昭王，但因初入秦国，尚不敢深涉内政，所以处处细心，观察秦王俯仰。

不久，范雎再次觐见秦昭王，他从分析秦国的优势入手，即使秦昭王感到欣慰，也使他感到警怵，因而没等范雎说完，秦昭王便恭恭敬敬地说："寡人愿闻其详"了。这时，范雎才向秦王建议，在外交上应该采取远交近攻的战略。

范雎的"远交近攻"，就是当实现军事目标的企图受到地理条件的限制难以达到时，应先攻取就近的敌人，而不能越过近敌去打远离自己的敌人。为了防止敌方结盟，要千方百计去分化敌人，各个击破。

消灭了近敌之后，"远交"的国家又成为新的攻击对象了。"远交"的目的，实际上是为了避免树敌过多而采用的外交诱骗。远交近攻，是分化瓦解敌方联盟，各个击破，结交远离自己的国家而先攻打

邻国的战略性谋略。这就是范雎远交近攻的著名战略主张。

范雎还为这一战略原则拟定了具体的实施步骤。第一，就近重创韩、魏，以解除心腹之患，壮大秦国势力；第二，北谋赵，南谋楚，扶弱国，抑强敌，争夺中间地带，遏制各国的发展；第三，韩、魏、赵、楚依附于秦之后，携五国之重，进而威逼最远且是当时最强的对手齐国，使其回避与秦国的竞争；第四，在压倒各国的优势下，最后逐一消灭韩、魏诸国，最后灭齐，统一天下。

秦王一听，赞叹地说："太好了！"

秦王很欣赏范雎的外交主张，拜范雎为客卿，让他参与国家大政。随后，秦王按照既定战略，开始了兼并六国的行动。

公元前268年，秦王用范雎的计谋，派兵伐魏，攻克怀地，两年后

攻克刑丘。公元前265年，秦军又发兵占领韩国的高平、南阳、野王等地，将韩国拦腰斩断，使整个上党地区完全孤立起来。

秦国在战争中获得了人力、物力等方面的巨大补偿，实力更其强盛，因而东进步伐大大加速，扩大了对赵、楚两国的战争规模。到了公元前221年，秦始皇吞并六国，实现了全国统一，建立起我国历史上第一个封建王朝。

历史是个古怪的老人，顺之者昌，逆之者亡。范雎相于秦，恰恰顺乎中国政治之大势，所以才被写上了重重的一笔。

范雎明确提出的"远交近攻"外交战略思想，不仅为秦逐个兼并六国最后统一中国奠定了战略基础，而且对后世也有着深远的影响，是我国古代著名的成功战略思想之一。为中国政治、外交思想史增添了光辉的一页。

拓展阅读

范雎在魏国时曾遭须贾陷害，被魏王暴打后丢入厕所。范雎逃出后做了秦国丞相，魏人谁也不知此事。后来魏国听说秦国要来进攻，就派须贾出使秦国。范雎听说须贾来了，就乔装打扮，穿一套旧衣服来见须贾。

须贾见他贫寒，取一件粗绸袍子送他。须贾要见丞相，范雎与他一同乘车来到相府门口，范雎先入，须贾问明情况，才得知范雎为丞相，心中惊恐万分。

范雎指明了他的罪状，并说："今天免你一死，是由于你送我一件粗绸袍子。"

始通世界

秦汉至隋唐是我国历史上的中古时期。这一时期，随着秦始皇开拓海疆和秦汉时期丝绸之路的海陆齐开，我国的外交事业冲出亚洲，走向世界，取得了举世瞩目的成就。

尤其是隋唐时期，由于国力强盛，经济文化处于世界领先地位，加之政府开明的对外政策，对各国产生了巨大吸引力，对外交往空前发达。

其中的许多优秀外交家如徐福、张骞、裴世清、鉴真和玄奘等，他们的外交贡献体现了我国中古时期外交的成就，也对世界产生了极为深远的影响。

秦代陆通南北与开拓海疆

秦代外交领域的活动主要是加强境内民族往来和开拓海疆。秦代对岭南、西南和北方等边远地区的开拓，理顺了境内各民族之间的关系，使战国后期的民族矛盾得到了解决，使秦朝的疆域得到了巩固。同时，加强了各民族之间的友好往来，促进了这些地区的稳定和发展。

秦代还开拓海疆，海上丝绸之路的开辟，开始了我国与世界各国的首次接触，为后来经贸的发展奠定了良好基础。

秦始皇在兼并六国之后，为了解决长久以来的民族矛盾，稳定和发展边远地区，首先开始了开拓岭南的大规模军事行动。

在当时，秦始皇派遣国尉屠睢发兵50万，兵分5路，水陆并进，但抵达岭南后，却遭到了西瓯等族人的顽强抵抗。另外军粮的转运受阻，致使秦军粮食匮乏，无力作战。

为了解决这一严重问题，秦始皇乃命监御史禄凿渠通道，修成了灵渠。灵渠大约修成于公元前219年。这一工程的兴建，直接解决了军粮转输的困难。秦军得到沿湘江、经灵渠运抵岭南的大批粮饷与物资的接济，才得以深入西瓯，基本控制这一地区。

在此基础上，秦始皇又征发流亡的人、奴隶及商人，把他们安置在桂林、象和南海3郡，基本上统一了岭南。后来，秦二世时又征集1.5万名未婚妇女至岭南，这些女子们后来都与将士和当地人成了婚，建了家，立了业，不再回北方去。秦还一再大批地迁徙刑徒和内地民众到这里屯戍垦殖。

大批内迁民众南迁之后，在那里任职的秦朝地方官为民办了不少好事、实事。比如：掘井筑城，设衙修路；传播先进的中原文化和文明；推广先进的生产力和农耕技术；改善越人居住条件；培养和起用越人做官；维护了良好的社会治安；推广优良品种；迁汉人与越人杂居，鼓励士卒与中原人和越人通婚等。

这些措施，稳定和发展了岭南地区，促进了中原文化的传播和民族融合，影响深远。今天许多外来的游客高度评价岭南真是人杰地灵，山美，水美，人更美，这实际与中原人与当地人成婚，不断地繁衍生息，世代相传是分不开的。

成功开拓了岭南后，秦代又开凿五尺道，打通了通往西南的道路。当时的西南地区，主要包括今贵州、云南、四川一带，分布着许多少数民族，秦汉时期统称之为西南夷。秦并六国后，为了加强与西南各族人民的交往，秦始皇派人开凿了一条从今四川宜宾通往云南滇池一带的栈道，因其处在险恶之地，道阔仅有5尺，故名"五尺道"。

五尺栈道开通后，秦皇朝的势力直接抵达且兰、夜郎、邛都、昆明等地，并在这里设官置吏，建立行政机构。与此同时，秦又经略蜀郡，治今四川成都，加强了与邛都、筰、冉的联系，并使之纳入了郡县制的行政系统。

从此以后，西南少数民族地区不仅密切了与内地的关系，而且成为了统一多民族国家的一部分。秦代除了加强与南部边远地区的往来以外，还为了安定北边，北击匈奴。

匈奴是我国古代多民族国家的一个强大的游牧民族。他们主要活动于蒙古高原和南至阴山、北抵贝加尔湖的广袤地区。

以头曼单于为代表的匈奴贵族统治者，曾经派兵占据了战国末期赵国的大片区域，并继续南下侵扰。秦朝建立后，匈奴奴隶主贵族的侵扰日益加剧，这是对刚刚建立的秦皇朝北边的严重的威胁。

为了解除侵扰，安定北边，维护国家的统一，秦始皇命蒙恬发兵30万，大举出击。在反击战斗中，蒙恬采用了集中兵力、穷追猛打、速战速决的作战原则，很快就收复了河南地以及榆中一带的广大地区。接着，他率军渡过黄河，乘胜追击，进抵高阙。高阙即今内蒙古临河县北的狼山口。这里原是赵国的军事要地。

秦军在夺回高阙后，又收复了阳山和北假，直抵阴山一带的广大地区，并在这里分设34县，重新建立九原郡，使其统辖北抵阴山，南至河南地以北，东邻云中的大片边地。同时，秦朝又徙去大批刑徒，还鼓励一般民众移居边地。这些迁去的民众与刑徒，一面屯垦，一面成边，对于开发北方边地，充实武备，发挥了重要作用。

秦代反击匈奴的胜利，是对匈奴贵族侵扰势力第一次最沉重的打击。这场反击战，解除了匈奴奴隶主贵族的侵扰与破坏，使今河套内外，大河南北的广大地区，在一个相当长的时间内摆脱了兵祸的灾难。

这对于我国古代统一多民族国家的形成，促进这些边远地区经济文化的发展，保护包括匈奴人民在内的各族人民生命财产的安全，是有积极意义的。

秦在胜利击败匈奴贵族的侵扰之后，为了巩固在战场上取得的成果，秦始皇又命蒙恬主持修筑了我国历史上最大的军事防御工程万里长城。

长城修筑后，虽未能阻挡匈奴贵族的南下，但在当时的历史条件下，还是起过一定的防卫作用。同时，长城本身作为伟大的建筑工程遗留后世，则是我国古代劳动人民富于智慧和独创性的见证。

秦代的陆路开拓，使它的势力东至海暨朝鲜，西至临洮、羌中，南至位于北回归线以南的北响户，北据为塞，并阴山至辽东，从而形成了一个辽阔的疆域。秦代还致力于开拓海疆，利用已有的东海起航线，进一步加强了与海外的贸易往来，开辟了海上丝绸之路。

海上丝绸之路是古代我国与外国交通贸易和文化交往的海上通道。当时主要有东海起航线，是已知的最为古老的海上航线。

东海起航线最早始自周武王灭纣，建立于周王朝的公元前1112年，当时周王封箕子到朝鲜，从山东半岛的渤海湾海港出发，到达朝鲜，教其民田蚕织作。

秦在完成平定岭南的大业后，在岭南设南海郡、桂林郡、象郡三郡，并以南海郡为中心，逐步发展起繁荣的岭南经济圈。

秦末，北方征战不休，岭南地区由赵佗统治，史称南越国，是当时少有的和平地区。赵佗利用东海起航线加强对外往来。

当时的南越国是南岛人种的发源地。先秦时代称之为百越民族，是世界上分布最广的民族之一，他们拥有优秀的航海经验和冒险精神，足迹遍及太平洋和印度洋，史前时代起即开始了向远洋迁徙，马达加斯加、夏威夷、新西兰均有分布。而秦代南越国的海路西探，已经到达东南亚诸国，并且到达印度。

当时岭南地区主要出产丝绸类纺织品。赵佗为寻找重要的军需物资铁资源，开始谋求海上路线，以便通往西方国家，开展贸易活动。海上丝绸之路由此形成规模。

通过这条贸易通道，赵佗将岭南地区的丝绸向西方输出，以此换取了各种物资。在中国对外输出的同时，希腊工匠也通过这条通道来到中国，参与了南粤王宫殿的建造。

后来的考古工作者们在广州的南越王墓中出土的希腊风格银器皿，以及在南越国宫殿遗迹发掘出来的石制希腊式梁柱，就是相当好的证明。

除了赵佗利用海上丝绸之路与海外进行贸易往来外，秦始皇兵吞六国时，齐、燕、赵等国人民为了逃避苦役而携带蚕种和随身的养蚕技术不断泛海赴朝，更加速了丝织业在朝鲜的传播。

秦代对岭南、西南以及北方等边远地区的开拓，沟通和理顺了各民族的关系，使各族人民生活在一个辽阔的疆域里，在同一个国家政权的管理之下，从而形成了一个统一多民族的大国，这不论是在中国还是世界上都具有极为巨大而深远的意义。而秦代海上丝绸之路的利用和发展，使我国古代外交沟通更加广泛，为后来汉代陆上丝绸之路的开辟，做了商业与文化信息上的准备。

拓展阅读

秦始皇叫嬴政，在建立秦国之前人称秦王政。当时有一个叫尉缭的人求见秦王政。尉缭是魏国大梁人，是当时著名的军事理论家、游说家。

传说尉缭曾拜鬼谷子为师，学成后隐居山林。他向秦王政讲述了一些外交之道，收买六国高官重臣的外交手段是他所提出来的。秦王政很高兴，下令重赏尉缭。

哪料尉缭对秦王政的评价却并不高，说他"少恩而虎狼心"。

秦王政不但没有惩罚他，反倒仍然封他做了大官。秦王政的胸襟由此可见一斑。

隋朝与朝鲜和日本的交往

隋朝在对外交往上，秉持一种以德服人的观念。在隋朝看来，各藩属国定期来朝，宗藩和平相处，是最理想的一种天朝政治秩序。

当然，有时也难免会使用战争的手段，不过，那也只是以臣服为目的，而不是要彻底击灭。

正是在这样一种外交理念的指导下，隋朝时期出现了万邦来朝的恢宏局面。

隋朝统一了中国后，迅速成为了东亚最强大的帝国，同时也加强了与东邻朝鲜和日本的交往。

朝鲜半岛的高句丽于公元前37年在纥升骨城建国后，就开始不断地向外扩展，后来控制了朝鲜半岛北部地区。

高句丽自建国以来，就一直保持着与中国中原政权之间册封与朝贡的藩属关系。同时，随着其国力的不断强大，高句丽也屡屡与中原政权之间发生摩擦和战争。

589年，隋朝统一中国，结束了几百年的分裂局面。高句丽目睹隋的迅速崛起，十分恐慌，加紧屯粮练兵，并商议拒隋之策。

隋文帝闻讯大为不满，随即就给高句丽国王下了一封措辞严厉的诏书，历数了高句丽的种种不守藩臣之节的无礼行径，并且以灭陈故事相威胁。

此后，隋在隋文帝和隋炀帝两朝对高句丽进行数次征伐。后来，高句丽因连年作战，已经困弊不堪，无力再战，只好遣使入隋请降。

而此时隋朝国内也因连年战争导致民力凋敝，农民起义已是此起彼伏。隋炀帝见高句丽使来请降，赶紧见好就收，下令班师回朝。

高句丽是东北少数民族地方政权，汉以来一直受中原王朝册封，百济和新罗只是两个配角。它们一方面受压于高句丽，希望隋朝出兵攻打高句丽；另一方面，它们又担心一旦隋不胜，反而会招致灾祸。终隋一朝，百济和新罗都频繁地遣使通隋，保持着友好的关系。

百济既受高句丽的不断南侵，又被新罗步步进逼，战略态势十分险恶，为了抵御强邻，他们迫切需要外援，因此百济积极地与隋通好朝贡。

581年，隋朝刚刚建立，百济威德王就遣使与隋通贡。隋文帝册封威德王为上开府仪同三司、带方郡公。隋灭掉南朝统一中国后，百济立即遣使入隋祝贺。隋文帝非常高兴。

念及百济距隋朝遥远，隋文帝通过使者叮嘱百济王说："我们虽然相隔万里，但相互理解如同亲见。已经知悉百济王的心迹，不过两地往复至难，今后百济就不用年年入贡了，隋也不会年年遣使前往。"

598年，威德王听说隋文帝将伐高句丽，遂遣使奉表，请求为隋军先导。然而，此时隋文帝已经因为征讨不利而罢兵，况且高句丽也已上表谢罪，就晓谕百济："高元已经畏服归罪，不可再伐。"后来高句丽知道了这件事后，就派兵侵掠百济边境作为报复。

607年，百济武王时两次遣使入隋朝贡，请求隋讨伐高句丽。隋朝这时的皇帝是隋炀帝，他同意了百济请求，要求百济侦察高句丽的动静。

百济武王得知隋师将要出征的消息后，也派兵陈于边境，声言助隋，实际上却陈兵不动，意在静观其变。百济由积极请战到观望，恐怕是对隋能否取胜没有信心。

614年，百济最后一次入隋朝贡，此后隋天下大乱，朝贡遂绝。

隋与新罗的关系虽然友好，但并不密切。部分是因为新罗有百济相阻，与隋来往不便。和百济一样，新罗也视高句丽为最凶险的敌人，也试图借隋朝的力量以制伏高句丽。

594年，新罗遣使入隋朝贡，隋文帝册封新罗真平王为上开府、乐浪郡公、新罗王。608年，新罗王因高句丽屡屡侵犯其疆域，命人修表向隋朝乞师讨伐高句丽，结果没有得到答复。

611年，新罗因屡遭高句丽侵略，又遣使入隋，奉表请师，共伐高句丽。此时，隋炀帝已决意征伐高句丽，便同意了新罗的请求。第二年，隋炀帝首征高句丽，其后又连续兴兵征伐。

不过，在隋朝征讨高句丽的过程中，新罗如同百济一样，并没有实际出兵助战，想必它也有和百济一样的顾虑。

日本在倭五王时期，就与中国南北朝时期的南朝刘宋政权有着密切的往来。隋统一中国后，日本重新来朝，冀求学习隋先进的文化、制度。

但此时的日本大和民族国家业已形成，民族自尊心使它不愿像从前那样以藩属的身份与隋交往。甚至，此时的日本对于礼仪名分变得非常敏感。

隋帝国当然不理会日本的这种心态，在大隋的眼中，日本与其他倾慕天朝来朝的小藩没什么区别。于是，隋和日本就产生了国书之争。

可贵的是，双方的最高统治者并没有因为"名"的争论，而阻碍"实"的交往。

600年，日本第一次派遣入隋使节。隋文帝很高兴，因为日本已经有百年没有来朝贡了。倭使回国后，向摄政的圣德太子汇报了出使情况。

圣德太子从使者那里了解到隋朝佛教很兴盛，便决定以求佛经佛法为名，再次遣使入隋，目的主要还是要加强两国之间的交往。

在607年，倭国再次派小野妹子为使节，并指派翻译，携带国书来到隋都。跟随小野妹子来到隋朝的还有数十名留学僧，他们是日本首次向中国派出的留学生。

隋炀帝秉性好大喜功，对于偏居海岛的倭国国王不畏艰险遣使来朝深感满足，但看到倭王的国书中写道："日出处天子致书日没处天子"的词句时，得意之情迅速消失，立即吩咐管外事的官员鸿胪寺卿："以后蛮夷的国书有无礼的，就不要再给我看了！"

倭国在东，中国在西，所以倭王自称是太阳出来地方的天子，而称中国皇帝为太阳落下地方的天子。日本如此致书，证明隋文帝当初的训令并没有产生效果，倭国朝廷仍然坚持与隋朝对等的立场。

尽管如此，隋炀帝还是命令鸿胪寺卿热情接待日本使者，而且为了炫耀上国的威风，决定立即派文林郎裴世清出使日本，回访倭王。

608年，小野妹子陪同裴世清使团到达日本九州。倭王闻讯后，立即派出要员前往迎接。同时，鉴于现有的接待外国使节的馆舍过于简陋，下令在难波城，即今大阪修建新馆，以安置隋使裴世清一行。

倭王会见隋使时谦恭地说："我听说海西有大隋国，是礼仪之邦，所以遣使朝贡。我们夷人僻居海隅，不闻礼义，所以没有亲自拜见。这次特意清扫道路、装饰馆舍，以迎接大国使者，希望听听大国维新的情形。"

倭王以语含双关的方式表达了对上次"无礼"国书的歉意。

隋使裴世清随即呈上了隋炀帝的国书，书中的第一句就是"皇帝问倭王"，俨然是上国对小邦的口吻。裴世清告诉倭王说，这是赐诸侯书的样式。

据日本史书记载，当时摄政圣德太子看到这份国书贬他们的统治者天子尊号为倭王时，与当初隋炀帝看到倭王国书时的心情一样，也是很不愉快。圣德太子还因为这个原因，而没有赏赐裴世清。

不过，尽管倭国执政者十分不满隋炀帝的骄横，但考虑到日后向隋学习交流之处甚多，所以没有过于计较国书的礼节问题。当裴世清回国时，倭国还是很热情地宴请相送，并又令小野妹子组成使团护送隋使归国。

这次随同的还有8名留学生，其中7名都是所谓已经归化汉人的后代，另一人为新罗人。这充分说明，这一时期日本有较高文化修养的人，主要还是来自中国和朝鲜半岛的移民及其他们的后代。

608年底，裴世清、小野妹子等人到达隋都长安。小野妹子向隋朝廷呈交倭王国书。鸿胪寺卿鉴于隋炀帝先前有"以后蛮夷的国书有无礼的，就不要再给我看了"的指示，就没敢将这份国书呈交隋炀帝。

实际上这次倭国的国书，措辞已经有所考虑。据说是圣德太子亲自撰写的国书，双方的称呼已改为"东天皇"与"西皇帝"，称隋朝皇帝为西皇帝，日本倭王为东天皇。不过，倭国坚持外交对等的用意还是显而易见的。

由于鸿胪寺卿没有将国书拿给隋炀帝看，因此也就没有留下什么不快的记载，隋日关系因而顺利发展。终隋一朝，日本前后遣使4次。日本学习到了隋的政治艺术。日本有"太子"、"皇位"、"御所"、"东宫"、"称制"、"诏书"、"陛下"、"殿下"等词汇，都是我国的皇家专用的。

此外，留学生们在隋朝系统地学习了先进的汉文化和各种制度，许多人甚至滞留在中国二三十年，跨越隋唐两代。这些人学成回国后，有的参与了后来日本的大化改新，对于推动日本社会的进步作出了贡献。

据确切文字记载，中日官方友好交往起于中国汉代，盛于隋唐，此后虽然有所淡化但绵延不绝。正如日本历史学家井上清所言，通过这种交往，日本"恰如婴儿追求母乳般地贪婪地吸收了朝鲜和中国的先进文明，于是从野蛮阶段，不久即进入了文明阶段。"

拓展阅读

隋朝时，倭王阿辈鸡弥遣使拜访隋，文帝派官员问倭国民俗。使者回答说倭王以天为兄，以太阳为弟，天还没亮就处理朝政，天一亮即停止，把白天的事交给他的弟弟太阳管理。

中国皇帝历来敬天，自称为天子，所以当隋文帝听到倭王把自己称作天的兄弟时，大为气恼，斥之为荒谬之论，并且训令改掉这个称呼。

尽管如此，双方没有因为观念上的差异而闹得太不快，双方还都注重有利往来这一大局，隋日关系因而得以顺利发展。

唐代对外经济与文化交流

唐朝时期的中国，是当时世界上最先进、最文明、最发达的国家。唐代的经济、文化空前发展，与外国的经济、文化交流，远远超过前代，和唐朝往来的国家甚多，因而，唐朝对外经济文化交流，有了进一步的发展，唐朝成了亚洲各国的经济交流中心。

此外，唐代所交往的国家还有非洲、欧洲的部分地区。唐朝对外关系的空前发展，在世界文化史上产生很大的影响。

唐代的政治、经济和文化得到空前发展，出现了大一统以来继汉武盛世之后的又一个盛世。唐朝执行开明的民族政策，使民族关系更加和谐，比如与吐蕃的"和同为一家"等。

与此同时，唐代积极发展与东亚、东南亚、南亚、中亚和西亚的友好往来，甚至还包括非洲和欧洲的部分地区，使外交呈现出前所未有的景象。唐代外交彰显了"大唐盛世"的风采。

在东亚地区，唐与新罗的关系很密切。新罗原居朝鲜半岛东南部，在唐前期，统一了朝鲜半岛的大部，史称"统一新罗"。

其商船经常往来于朝鲜半岛与中国的山东、江苏之间。唐从新罗输入药材、皮毛、金银和工艺品等，向新罗输出丝织品、茶叶、瓷器、药材、书籍、精致的金银器物等。

新罗在文化方面深受唐朝的影响。新罗派到长安的留学生是所有外国留学生中人数最多的。中国的文化典籍大量传入新罗。

朝鲜古代没有文字，最早使用的是汉文。7世纪时，新罗人薛聪利用汉字字形作音符，创制了"吏读"，以帮助阅读汉文。雕版印刷术在唐末五代时传入新罗，佛教也由唐传入新罗。

新罗的天文、历法、服饰、艺术、建筑都受唐朝的影响，各项制度也大都模仿唐朝。朝鲜文化也传入中国，如唐太宗时的十乐曲中就包括"高丽乐"。

唐代与日本的友好往来最为频繁。隋唐时期，日本正处于社会大变革时期。从隋朝时起，即不断派人到中国学习，到唐朝时达到高潮。日本先后派出遣唐使13次，另外还有未能成行的及迎送使节的迎入唐使和送唐客使6次，共19次。

唐初，日本派出的遣唐使团一般不超过200人，从8世纪初起，人数大增，如717年、733年和838年派出的3次遣唐使，人数均在550人以上。

在日本派出的遣唐使中有不少留学生、学问僧，他们长期在唐学习各种文化知识。中国的许多律令制度、文化艺术、科学技术以及风俗习惯等，通过他们传入日本，对日本的社会发展产生了很大影响。

在政治方面，645年，日本参考隋唐的均田制和租庸调制，施行班田收授法和租庸调制；仿照隋唐的官制，改革了从中央到地方的官制；参照隋唐律令，制订了《大宝律令》。

在教育方面，天智天皇时期在京都设立大学，以后学制逐渐完备，各科学习内容基本上和唐朝相仿。

在语言文字方面，8世纪以前，日本使用汉字作为表达记述的工具。起初日本没有自己的文字，使用汉字记事。

9世纪时出现的日文字母"平假名"、"片假名"就是根据汉字创制的。相传平假名是学问僧空海所创，片假名是留学生吉备真备所创。这些新体文字的发明，大大推动了日本文化的发展。同时，日文的词汇和文法也受到汉语的影响。

在文学方面，唐代丰富多彩的文学，深为日本人所欣赏。唐朝著名作家的诗文集相继传入日本，其中形象鲜明、语言通俗的白居易诗，尤为受到喜爱。而留学生吉备真备、橘逸势等人对中国的诗歌和书法都有很深的造诣。

在艺术方面，唐朝的音乐、绘画、雕塑、工艺美术等也纷纷传入了日本。日本吸取了唐朝的乐制，并派留学生来中国学习唐乐。

日本宫廷还请唐乐师教授音乐，唐朝的不少乐书、乐器陆续传入日本。唐朝的绘画也深受日本人喜爱，经过日本画家仿效摹绘的画作，称为"唐绘"。

在科学技术方面，唐朝先进的生产技术、天文历法、医学、数学、建筑、雕版印刷等陆续传入日本。中国式的犁和大型锄传入日本并开始普遍使用。日本仿照唐的水车，制造了手推、牛拉、脚踏等不同类型的水车。

唐朝的《大衍历》、《宣明历》，也被日本所采用。中国著名的医学著作《素问》、《难经》、《脉经》、《张仲景方》、《神农本草》和《诸病源候论》、《千金方》等书先后传入日本，他们结合自己的医疗经验，创建了日本的"汉方医学"。

7世纪以前，日本没有固定的都城，694年兴建了第一个都城藤原京，710年修建了平城京，794年修建了平安京，这些城市的设计、布局都是模仿唐长安城的。建筑所用砖瓦的纹饰也和唐代略同。

在唐代，中日交往史上最著名的人物是日本的阿倍仲麻吕和中国的鉴真。

阿倍仲麻吕，汉名晁衡，唐玄宗时来中国留学，在中国50多年，担任过唐朝的高级官员，工诗文，与王维、李白等是密友，后逝于长安。

鉴真和尚，俗姓淳于，扬州人，曾主持扬州大明寺。唐玄宗时，应日僧之请前往日本传授戒律。十多年间，5次东渡都失败了，第6次东渡方获成功，此时他双目已失明。

他除在日本传授戒律外，还将大量佛教经典、建筑技术、雕塑艺术以及医药书籍等传入日本，对日本的医学、雕塑、美术和建筑的发展影响甚大。后逝于奈良唐招提寺。

鉴真和尚对中日文化交流作出了巨大贡献，弟子为他所塑夹纻像，1000多年来，始终受到日本人民的景仰。

唐代与东南亚、南亚的往来也很频繁。东南亚诸国在今中南半岛上的，当时有林邑（即今越南南部）、真腊（即今柬埔寨）、堕和罗（即今泰国南部）等国；在今马来半岛上的有盘盘、狼牙修等国；在今印度尼西亚的有室利佛逝（即今苏门答腊）、诃陵（即今爪哇）等国。

这些国家都曾遣使与唐通好，有船只航行到中国。这里的香料、珠宝、棉布、犀牛、大象等，都输入中国；中国的丝织品、瓷器和工艺品也大量运往这些国家。

唐代与南亚的往来也很多。南亚的国家最重要的有师子国（即今斯里兰卡）、天竺（即今印度）、罽宾（即今巴基斯坦北部）、尼婆罗（即今尼泊尔）等，它们都与唐朝有经济和文化联系。

如师子国的船经常来广州，是当时来我国的最大的船只。天竺的天文、历算、医学、音乐、舞蹈、佛学、制糖技术，罽宾的珠宝、名马以及犍陀罗艺术等，相继传到我国。我国的丝织品、纸张、造纸术等也传到南亚诸国。

唐与天竺的文化交流主要是围绕佛教进行的。当时中国的许多僧人曾前往天竺求经，其中最有名的是玄奘。

玄奘，俗姓陈，河南缑氏人，即今偃师南。627年，他为到天竺求经，从长安出发，途经今新疆、中亚，访问了今印度、尼泊尔、巴基斯坦和孟加拉等国。他在佛教学术中心那烂陀寺等地研习佛学，成为佛学大师，获得很高的声誉。

645年，玄奘返回长安，带回了梵文佛经657部，后译出75部，1335卷。他又撰《大唐西域记》一书，记载了旅途中所见所闻的138个国家的历史和地理等。这是研究中古时代中西交通和中亚、南亚以及西亚部分地区历史、地理的宝贵资料。

唐与中亚和西亚诸国保持着长期联系。波斯是西亚的重要国家，波斯，即今伊朗。唐初即与波斯有使节往来。唐高宗时，波斯遭大食的侵略，王子卑路斯曾来唐求援。

唐朝称阿拉伯为大食。波斯被大食灭亡后，波斯反抗大食的政治势力仍继续以国家的名义遣使来唐。许多波斯商人来唐经商，不少人留居长安、扬州、广州等地。波斯商人把珠宝、香料、药材等输入了中国。中国的丝织品、瓷器等也大量输往波斯。

643年，位于欧洲东部的拜占庭帝国，也就是东罗马帝国遣使来唐，献赤玻璃、石绿、金精等物。唐太宗回书答礼，并回赠绫、绮等丝织品。

在唐前期，东罗马遣使7次。东罗马的皇帝、贵族、妇女都喜爱穿用中国的丝织品，所以当地成为唐朝丝织物的重要转输地。东罗马的医术和吞刀吐火等杂技也传到了唐朝。后来在西安、咸阳等地都曾发现东罗马金币。

7世纪初，伊斯兰教创始人穆罕默德统一阿拉伯半岛后，东灭波斯，西陷开罗，建立了势力达到中亚、南亚和北非的阿拉伯帝国。

651年，大食遣使和唐朝通好，此后，大食遣使来唐有37次之多。大食所辖阿拉伯一带商人到中国的也不少。当时，长安、洛阳、扬州、广州、泉州等处都有他们的足迹，不少人在中国定居落户，有的还在唐朝任职。他们运来香料、药材、珠宝等。

大食的天文、历法、数学、医学、建筑术等也传入中国。中国的丝织品、瓷器等，大量输往阿拉伯地区，造纸术、炼丹术、医学、养蚕和丝织技术也传入大食，并再传至其他地区。

近代考古工作者曾在伊拉克底格里斯河西岸的沙玛拉城遗址，发掘出大批中国陶瓷，其中有唐三彩、白瓷和青瓷三种，在北非的福斯特即开罗古城遗址中，曾发掘出唐朝的青瓷器。这些来自中国的工艺品正是中阿经济文化交流的历史见证。

经济的繁荣，国力的强盛，使唐王朝在国际上有很高的声望。许多地区和国家的使节、商贾、贵族、学者、艺术家、僧侣经常入唐贸易和访问。

当时和唐王朝通使的国家就有70多个，朝廷设置鸿胪寺来接待各国使节和宾客，设置商馆以接待外商，设置互市监、市舶司掌管对外贸易。太学中有为数众多的外国遣唐使，官府亦有胡人供职。

在当时，阿拉伯人、波斯人在唐长安城长期经营珠宝店、胡食店、酒店等。同时，中国发明的罗盘针、火药、造纸、印刷术、丝绸、瓷器、茶叶、闹钟也在丝绸之路的运输工具骆驼的背上被带到西方。

这些伟大的发明再经阿拉伯人的传播，至12至13世纪进入了欧洲，它们被欧洲人用于科技、文化、航海、军事和社会生活之中，从而对文艺复兴之后的西方世界产生了长达几个世纪的广泛影响。

拓展阅读

熊猫是国宝，而熊猫作为"外交使者"的历史可以追溯到唐玄宗时。685年，唐玄宗赠送给日本天武天皇两只大熊猫，从而开创了"熊猫外交"的先河。由此算来，"熊猫外交"已具有1300多年的历史。

按照日本的记载，当时唐玄宗送给日本天武天皇的是"两只白熊"，所以后世一直认为这两只白熊是北极熊。

后来，还是由于中国大熊猫专家的考证说，当时长安的皇苑内就有大熊猫，因此所谓的白熊应该就是大熊猫。这是史书记载的熊猫外交第一例。

广交天下

从五代十国至元代是我国历史上的近古时期。五代十国时用间谍外交，在一定程度上影响了具体战役或政治军事斗争的成败。

宋朝因外敌频繁，外交使节在履行使命的同时，也努力获得诸国信息，以此作为朝廷制订外交政策的重要依据。

元代从蒙古人远征开始，就把外交足迹带到了远方世界，在地域上呈现出连通欧亚、衔接大洋的前所未有的态势，使中西方交流在空间和内容上变得更为广泛。

吴越国与海外诸国的外交

钱镠建立的吴越国是五代十国时期存在时间最长的一个，也是当时数个政权中政局最稳定、结局最完美的一个。

吴越国历任君主以"保境"方针为指导，积极主张与海外诸国进行友好往来。

吴越国依靠其发达的海上交通，与朝鲜半岛诸国以及日本等国家建立起政治关系和贸易关系，改善了外部环境，促进了经济发展。

钱镠从建立吴越国一开始，就采取"保境安民"的战略方针，发展与海外诸国的交往。"保境安民"，实际上包括外交和内政两个方面。如果单从外交上讲就是为所谓"保境"，即通过与各国修好，为自身的稳定和发展创造一个良好的外部环境。

　　为了"保境"，吴越国积极发展国与国之间的官方往来，并扮演着重要角色。

　　在吴越国与朝鲜半岛诸国的官方往来，见于史籍记载的有不少。后百济的建立者甄萱遣使吴越，不仅带有"进马"之类贸易上的目的，更重要的是，为了对付弓裔、王建与新罗王室，甄萱迫切需要在此之外寻找政治上的支持。

　　当时后三国的战争主要在新兴军阀后高句丽与后百济之间展开，后百济与新罗之间也是小战不断，而高丽与新罗之间一直保持着友好同盟关系。

　　吴越国还曾为百济、高丽两国进行调停。这一年甄萱攻陷了新罗的首都，导致王建兴兵讨伐，甄萱在战争中处于劣势，被迫求和。

从钱镠把颁给高丽、百济的文书称为诏书，在诏书中称甄萱为卿，以及甄萱、王建在提及吴越国时极其恭顺的语气来看，在双方的外交地位上，吴越国处于绝对优势地位。

当时中国陷于分裂，在与"外夷"的交往中各行其是，缺少一个公认的中央政权；占据中原的五代王朝最有力量担当起这个角色，但它内部纷乱不已，与外邦的交往相对减少，甚至中断了。

作为海洋之国的吴越国，地处于他们进行来往的前沿，在这种特殊的形势下便代表中国大陆在"外夷"面前扮演起宗主国的角色。吴越国君主钱镠调停高丽、百济两国这件事就是证明。

吴越国与日本的外交，在五代十国时出现高峰，既有官方的遣唐使，又有民间的僧人、学者和商人。

当时日本人学习中国文化的热情非常高涨，在政治与文化的交往中绝大多数都是他们采取主动。而

在经济交流中采取主动的常常是中国人。

在五代十国时期，中日交往绝大部分是日本与吴越国的交往；同时，双方的交往大部分是纯商业往来，即使政府间的往来也是通过商人进行的。

在吴越国的5位国主中，钱弘俶在位期间，与日本的交往进入高潮。有许多人以使者身份多次赴

日，两地人来物往，飞鸿传书，保持着密切的关系。

除了国与国政府间的交往，最能体现外交成就的当属贸易往来。在战火纷飞的年代，吴越国为保一方平安和经济繁荣，对外贸易应运而生。吴越国濒临东海，造船和航海技术均比较发达，因此在五代十国时与海外诸国交往最为频繁。

往来于中日间的吴越商人，可见于文献的有蒋承勋、季盈张、蒋衮、俞仁秀、张文过、盛德言等，他们都拥有自己的船舶。

吴越国在航海中常常利用季风，夏季从杭州湾出发，横越东中国海，顺风驶达日本，秋后再乘东北风返航回杭州。

吴越国商船大多从明州港，即今宁波出发，东渡至肥博多津，即今日本福冈市博多港登岸入日，开展经营贸易。吴越国商船为此间的中日文化交流起到了沟通和桥梁的作用。

与此同时，来吴越国的外国船只也纷纷涌入杭州湾，带来了琳琅满目的洋货。可见，杭州商贸已经扩大到跨国海外贸易。

当时的杭商与日本的贸易比较频繁。那时的日本处于醍醐天皇和村上天皇统治时期，实行"锁国政策"，禁止日本船只出海，因此两国之间的官方往来很少，以民间贸易为主。

仅从日本的史书中所见，前后算来，商船往来有14次，而实际上恐怕次数要更多。这些往来的船只，全是中国船，日本船一只也没有。而中国船中，几乎又都是吴越的船只。当时贩去的货物以香料和锦绮等织物为主，而日本方面用来做交易的则以砂金等物为主。

　　除此之外，因为文化交流的需要，名家诗文、经卷、历书等印刷品和佛画、佛像等也大量输入日本，这些文化产品很受海外市场的欢迎。吴越与朝鲜半岛上的后高丽、新罗、后百济诸国也互有商务往来和文化方面的交流。

　　当时有一个叫王大世的朝鲜人，选用了1000斤非常贵重的沉木，把它制作成了一座"旖旎山"，吴越王愿意拿出500两黄金向他购买，王大世竟然不肯出售。但吴越王没有强行索取。这说明了吴越国对外贸易往来也是平等交易，买卖自由的。

　　印度古称为天竺。据《西湖游览志》卷二记载，吴越国时，曾经有一个叫转智的印度僧人，经海路乘船从杭州回到西天竺。

据《文物参考资料》第二十八期的有关报道，印度的勃拉名纳巴特，在唐、五代时是个繁华的城市，后来才衰微颓败。

20世纪以来，考古学家曾在该城的废墟中发现有越州上林湖烧制的青瓷器，应该都是这些僧人从海船中带回他们本土的。这也表明吴越国时期，两国之间有着频繁的贸易往来。

吴越国与阿拉伯地区也有经济交流。五代时，阿拉伯帝国处于阿拔斯王朝统治时期，首都巴格达，国势最强盛时，领土横跨欧、亚、非三洲。

吴越国从大食国输入的火油，究竟是吴越商人直接贸易输入还是间接得来，缺乏考证，不得而知。火油即石油，吴越的舟师水军把火油用于军事。吴越国派出的使者，东到日本，北往高丽、契丹，南迄林邑、婆利，西至大食、波斯。使节的往来，促进了文化、商贸、宗教等方面的交流。

拓展阅读

钱镠当上节度使以后，摆起阔绰来。他的父亲对他很不满，常常有意避开他。钱镠得知父亲回避他，心里不安。

老人说："我家世代都是靠打鱼种庄稼过活，没有出过有财有势的人。现在你挣到这个地位，周围都是敌对势力，还要跟人家争城夺池。我怕我们钱家今后要遭难了。"

钱镠听了，表示一定要记住父亲的嘱咐。钱镠就是靠他的谨慎小心，一直保持他在吴越的统治地位。吴越国虽然小，但因为长期没有遭到战争的破坏，经济渐渐繁荣起来。

宋朝政治外交与经济贸易

宋朝的政治外交对象主要是辽、夏和金三个少数民族政权。宋朝在政治外交上采取议和苟安的传统国策，针对不同的外交对象，给予不同的馆待礼遇，并使之专门化。宋王朝还在京城设置了大型的外交接待的馆驿，作为国家接待各国使节的重要地方，每个外交馆驿都有比较严格的管理条例作为其制度化管理的依据。

宋朝的对外文化和经济贸易往来非常频繁，其活动以华夏文化为轴心，遍及整个亚洲乃至非洲，对世界文明的发展做出了贡献。

宋朝时前后出现了契丹族建立的辽、党项族建立的夏和女真族建立的金3个少数民族政权。

辽与金国都对宋朝构成巨大威胁，其外交事务主要由枢密院的礼院负责，包括文书往来、使节派遣和一切接待事宜等。

其他如西夏及高丽和交趾等国，由于宋朝视他们为藩属国，所以发出的外交文书和礼物等皆称"制诏"或"赐"，对其国家外交称为"册封"。

宋朝在京城设置许多外交接待馆驿，作为国家接待各国使节的地方。当时辽国在都亭驿，西夏在都亭西驿，高丽在梁门外安州巷同文馆，回鹘、于阗在礼宾院，三佛齐、真腊、大理、大食等国家在瞻云馆或怀远驿。此外，宋朝专门设置主管往来国信所，作为负责与辽、金交往的具体事务机构。

宋朝有名的外交家有富弼、沈括与洪皓。富弼在外交上面对大军压境的辽国时屡立奇功。他以理挫败自傲的辽使，迫使辽使行参拜之礼，后又两次出使辽国，挫败辽国割地要求。

富弼分析宋、辽、西夏三国的关系，认为辽与西夏强盛的原因是获得资源与人力而至，并且协助宋朝撬开辽夏同盟，使宋、辽、西夏三足鼎立的格局逐渐稳定下来。

沈括曾为宋辽边界问题出使辽朝。1075年，辽朝派大臣萧禧到东京，要求划定边界。宋神宗派大臣跟萧禧谈判，双方争论了几天，没有结果。当时宋神宗派去谈判的大臣不了解那里的地形，明知萧禧提出的是无理要求，又没法反驳他。宋神宗就另派沈括去谈判。

沈括先到枢密院，从档案资料中把过去议定边界的文件都查清楚了，证明那块土地应该是属于宋朝的。他向宋神宗报告，宋神宗听了很高兴，就要沈括画成地图送给萧禧看，萧禧才没话说。

宋神宗又派沈括出使辽都上京。沈括首先收集了许多地理资料，并且叫随从的官员都背熟。到了上京，辽朝派宰相杨益戒跟沈括谈判边界，辽方提出的问题，沈括和官员们对答如流，有凭有据。最后，辽朝官员只好放弃了他们的无理要求。

沈括带着随员从辽朝回来，一路上，每经过一个地方，把那里的大山河流，险要关口，画成地图，还把当地的风俗人情，调查得清清楚楚。回到东京以后，他把这些资料整理起来，献给宋神宗。宋神宗认为沈括立了功，拜他为翰林学士。

洪皓在南宋危难之时出使金国，被拘15年，但仍不愿投降金国。洪皓曾屡次派人向被囚禁在五国城的宋徽宗、宋钦宗及在临安的宋高宗秘密传递消息。归国后，宋高宗称他胜似当年出使匈奴的苏武。

在宋朝，使节的主要任务是履行外交使命，但同时都兼负信息搜集之责。宋朝通过多种途径获得诸国方位、风土物产等一般信息和军情政情，极大地丰富了宋朝对境外世界的认识。

宋朝的对外文化和经济贸易遍及整个亚洲并远至非洲。在交往活动中，宋代向海外输出的商品，除传统的丝织品外主要是瓷器。

北宋的制瓷业，在生产技术、花色品种等方面都达到了空前的水平。五大名窑的产品，由于做工精细、式样典雅，是海外诸国争相购买的商品。开封官窑、越州哥窑就设在运河沿岸，其他名窑如定州定窑、汝州汝窑、禹州铜窑的产品从运河运往杭州，转至明州、广州港运往海外各地。

由于瓷器是易碎之物，用陆路运输远不及水运安全便利，因此，大运河为中寓瓷器由产地直接装船运往日本、高丽、南亚、波斯及非洲、欧洲提供了最为便捷可靠的条件。

当时由海外来宋朝的使臣商人以大食和高丽人为最多。这些外国使臣就用宋朝所赐的大量银两在京师开封或其途经之地，购买王室贵族或本国所需之物，如中国的丝绸、瓷器等满载而归。大运河沿岸的杭州、苏州、明州、真州等地都是他们聚集交易之所。

宋朝政府也鼓励各地商人到使臣驻地进行交易，为他们提供种种方便条件。当时与宋朝进行商贸交往的国家多达50多个，为此，政府在开封设立掌管与外国通商之事的榷易署，把国内各地货物增价卖给外国商人，最高额曾达到50多万贯。

同时，政府还允许中国商人将一部分南海舶来的香料、珠宝、象牙转卖给外国商人，从中赚取利润。

民间商贾还在汴京大量收购香料，在运河装船南下至浙东运河出海，长途贩运至日本，随船还带去中国产的丝绸、瓷器、茶叶等货物。他们在日本换回砂金、硫黄、水银、绢布、扇子、刀剑等，将满船日货沿运河载入汴京市场出售。

当时汴京的相国寺一带就是繁华的交易市场，在那里可以看到日本的刀剑、绘画扇、屏风等。

高丽国是与宋朝交往最密切的国家，宋神宗"待高丽人最厚，沿路亭传皆名高丽亭"。双方贡赐数额巨大，不可胜数。这种对外交往中的贡赐，在古代社会里，其实质是一种带有商业色彩的贸易行为。

高丽人善于舟楫，宋代运河与海路相连，为宋与高丽的交往提供了极为便利的条件。高丽将良马、金银、铜器运入中国，换回大量的瓷器、茶叶、漆器。由于双方贸易频繁，宋朝政府在浙东运河沿岸的明州设立"来运司"专门负责与高丽的往来贸易业务，并配备巨舰两艘、小船百余只供高丽商人使用。又在明州设立高丽行馆，为高丽商人提供食宿之便。

高丽政府每次遣使到宋朝都要搜求大量书籍，宋朝政府也多次向高丽赠予大量的经卷典籍。这些书籍由开封借助运河运往明州出海。

宋代造纸业、雕版、活字印刷技术发展很快，刻书业也很发达，为适应海外客商使臣的需求，在运河沿线出现了许多印书坊。当时开封、杭州是全国印刷业的中心，民间商人常私刻中国经籍，由运河运往高丽出售。许多书籍流入高丽，对朝鲜文化产生了很大影响。

随着商业贸易的频繁往来，日本与宋朝的文化交流也不断发展，其主要表现是两国间佛教徒经常性的互访。

宋太宗时日僧成算等乘宋商船渡海入宋，参拜天台山后入运河乘船北上到达宋都汴京，觐见宋太宗后又入汴北上五台西巡龙门，再转回汴京。宋太宗礼遇甚厚，赐予宋版《大藏经》及许多中国典籍。4年后日僧又西渡入宋，由汴河南下台州后乘宋商船返国。

数年后，日僧寂昭、元灯等相继来到宋朝，宋真宗分别授予大师称号，赐给紫衣，事后他们亦顺汴水南下至江南，在苏州吴门寺留住多年。

南宋时期由于淮河以北的广大地区被女真人占据，南宋政权控制下的运河仅剩下淮河以南河段。临安段运河充分发挥了它的作用，维系着首都与海港的交通运输，使余杭四明，通藩五市。

南宋政府亦投入较大的人力物力疏浚运河河道，维护堤岸，使这段河道保持畅通。当时由于运河通航条件良好，南方相对稳定，外商入南宋人数逐年增加，运河沿线市井繁荣、交易活跃。两宋时期，中国和西亚地区的关系有进一步的发展。当时中国贩运到阿拉伯地区的货物，主要有丝织品、瓷器、纸和麝香。

中国的广州、泉州、扬州，则是阿拉伯商人频繁往来的地方，他们通常贩运香料、药材、犀角、珠宝到中国，再收购丝绸、瓷器等商品。当时在广州、泉州城内，还居住着许多阿拉伯富商。阿拉伯人把阿拉伯文化，如天文、历法、医学等介绍到中国，又把中国文化传播到西方。

中国的造纸术、炼丹术、火药、指南针等，就是由他们先后传播到非洲和欧洲，对西方文化的发展起了很大的作用。

宋朝和非洲也有交流。在东非海岸的摩加迪沙、布腊伐、桑给巴尔、马菲亚岛、基尔瓦群岛等地，都不断发现那里遗存下来的唐代和宋代的钱币；在格迪、奔巴岛、桑给巴尔、坦噶尼喀和基尔瓦群岛，也曾发现宋代的瓷器和瓷器的碎片。这些都是中国和非洲交往的历史见证。

拓展阅读

沈括为了维护宋朝边境的安全，十分重视地形勘察。有一次，宋神宗派他到定州去巡视。他假装在那里打猎，花了20多天时间，详细考察了定州边境的地形，还用木屑和融化的蜡捏制成一个立体模型。

回到定州后，沈括要木工用木板根据他的模型，雕刻出木制的模型，献给宋神宗。这种立体地图模型当然比绘制在纸上的地图更清楚。

后来沈括又完成了《天下郡国图》，这是当时最准确的一本全国地图，对界定与周边国家的边界有重要价值。

元代广阔区域的外交往来

蒙古建立连通欧亚两大陆、衔接三大洋的超级帝国，使东方与西方的交流，出现了地域广阔的发达景象。元代在地域上与亚洲、非洲、欧洲各国建立了多种联系，交流范围空前扩大。商人、教士与使节往来更为频繁。

元代的对外交流，使我国先进科技成果广泛外传，极大地促进了世界文明的发展。中华民族的外交活动风格，在这一时期时进入到一种空前的"崇尚胡人胡风"的境况中。

在元代，我国和高丽之间的经济、文化交流有了进一步发展。元代曾在高丽王京派驻达鲁花赤，但不直接干预政务，只负监视之责。还在高丽设置征东行省，但不派行省官，就以高丽王为行省丞相，原有机构不变。因此，在元代高丽基本上保持了独立地位。

元初，高丽博士柳衍从江南购得经籍1.08万卷回国。两国商人、僧侣将本国的大批书籍运入对方境内。元仁宗赠给高丽宋秘阁旧藏善本3400多册。

元仁宗

"程朱理学"传入高丽。高丽人在大都获得《朱子全书》新版，带回国去，在太学讲授。后来，白颐正又从大都带回许多"程朱理学"著作，在太学宣讲。接着，朱熹《四书集注》由秘书省书籍所刊行，这是权溥建议的结果。理学在高丽广泛传播，使得李谷、李齐贤、李先稿等理学大师脱颖而出。

当时的高丽语言传入中国，元代宫廷中许多人都会讲高丽语，连守卫宫门的卫士也学得高丽语。

元代，很多高丽人来到中国，他们中有不少人就侨居在各地。其中做官的也不在少数。许多学者和僧人，由于他们精通汉文，有些是奉命出使而来，有些是私人前来游学。在中国，他们广交文人，彼此相互切磋，唱和酬答，建立了十分密切的关系。

1261年，高丽王来到上都，即今北京，随同的国相李藏用对汉文学有很深的造诣，曾出席中国诗人的文会。高丽著名诗人李齐贤的诗集《益斋乱稿》，被认为是朝鲜文学史上的优秀古典作品。

中国和日本是一衣带水的邻邦。唐代，两国的文化交流极为繁盛。元代虽两次侵袭日本，但两国民间的经济文化交往，仍很密切。自1305年至1350年，有33年都有日本商船来元代。元代和日本两国僧人互相访问极为频繁，据日本史学家木宫泰彦统计，来华日僧仅知名者即达220余人。1326年，元代一次就遣日本僧瑞兴等40人回国。

元代许多高僧的墨迹传到日本，对日本的书法影响不小。日本的一些书法家的作品，也深受元代文人的重视。元代文人的诗画得到当时日本文人的赞赏。

当时有许多僧人到日本传授禅宗学说。1299年，妙慈弘济大师奉元成宗之命出使日本，先后住持建长、圆觉等寺。妙慈弘济大师居日本19年，传授禅宗学说，日本称其为"一山派"。

妙慈弘济大师把程朱理学传到日本，他培养的弟子虎关师炼是日本理学先驱。程朱理学和禅宗学说融为一体，长期成为日本统治阶层的思想武器。他圆寂后，日本天皇特赠国师封号。

当时的中南半岛诸国如安南、占城、真腊、缅国，与元代一直保持着密切联系。安南也叫交趾。安南国主陈圣宗也遣使报聘，元世祖封他为安南国王。安南在陈朝时，多以儒臣充任使者，派往元代，因而他们得以结识元代文人学士，赋诗赠答。安南国王还遣使入元，请赠佛经。元代流行的杂剧对安南歌剧艺术的形成颇具影响。

1324年，元代使臣文子方出使安南，回国后著《安南行记》，载其国山川土俗。留居我国的安南人黎景高著有《安南志略》一书。

1357年，占城国主遣使元代。次年，元代封之为占城国王。后来元代与占城国的关系一度恶化，进兵侵掠占城。元成宗即位后，下令停罢征南之兵。从此元与占城使节往来不绝。

真腊自称甘孛智，即柬埔寨，很早就与中国交通往来。元成宗初年，元代遣使真腊，随行人员中有周必观，他到达真腊都城吴哥，撰成《真腊风土记》一书。书中描述的当时真腊人民所用的生活日用品，都购自于元代。元时，有许多中国人侨居真腊经商，并娶当地妇女为妻。《真腊风土记》一书的完成，增进了中国人民对真腊的了解，也为今柬埔寨人民保存了可贵的历史资料。

暹国又称"泰国"。1282年，元代遣使暹国，因航路受阻，未至其国。至1292年，暹王遣使携国书至大都。次年，元代遣使者去暹国通好。

1294年，暹国王兰甘亨遣使至中国，元成宗遣使臣回访。此后，暹国与元代的关系更为密切。1300年，暹国的兰甘亨第二次来中国，带走不少的陶瓷工匠回国，开创了暹国的陶瓷业。

缅甸古名蒲甘或缅国。1271年，元代遣使奇德托因去缅国通好，缅国遣价博出使元代。1289年左右，缅王的遣使贡纳方物。1296年，缅王又遣其子朝见元成宗。次年，元成宗遣使送缅王之子归国，封其父为缅国王，并赏赐其权臣。

元代在南宋的基础上，继续发展同南海西洋诸国的友好关系。忽必烈曾令唆都等奉玺书十通，招谕南海诸国，占城和位于印度东海岸的马八儿等俱奉表入贡。1279年，马八儿国遣使元代。

南海诸国如马八儿、马兰丹、苏木都剌等，皆遣使元代。元代商人在南海的贸易十分活跃，其中不少人迁居于南海诸岛。

元代时非洲北部最强大的国家是埃及的曼麦流克王朝，元代人称埃及为密昔儿。

曼麦流克王朝大臣乌马里，著有《眼历诸国行记》一书，书中除了记载自成吉思汗的祖先阿兰果火直到元泰定帝也孙铁木儿的简要历史外，阔台后王、察合台后王、术赤后王的情况以及他们与元代的关系等也均有记录。这部书是研究蒙古史和元史的宝贵史料。

元代著名旅行家汪大渊附商船出海，往来于中国、非洲，至数十国，回国后著《岛夷志略》一书，记其所见所闻。其中记载了位于非洲东海岸附近的层拔罗国，即今之桑给巴尔。

摩洛哥人伊本·拔图塔是元代著名旅行家。1341年，元顺帝遣使至印度，君主德里算端派伊本·拔图塔到中国报聘，他于1342年离德里赴中国。1354年伊本·拔图塔自泉州启程回国，口述其旅行经历，由算端派书记官术札伊记录成书。在他的《游记》中记载了元代与海外各国贸易往来的情况，其中有中国的瓷器运销印度及其他海外国家，并转销到摩洛哥的记述。

在有回族人聚居的城市中，如大都、太原等地，都建有清真寺。元代设立管理伊斯兰教徒刑名事务的机构。在元代，伊斯兰教徒与佛、道和基督教徒一样，都享有特许的优免赋役的权利。他们定居各地之后，都在不同程度上接受了汉文化，不少人成为汉文化修养很高的文学家，同时也把中亚的伊斯兰文化传播到我国。

与此同时，大批蒙、汉等各族人迁入中亚和西亚诸地。当旭烈兀西征时，除大批蒙古军外，曾征调汉人匠师上千人随征，其中包括使用火药的火枪手。

随同旭烈兀西征的有中国天文学家多人。其中一人名包蛮子最为著名，中国的天文推步之术，是由他传授给伊朗的著名天文学家纳速剌丁的。汉人学者李达时、倪克孙参与了伊利汗国丞相拉施特所编纂的世界历史名著《史集》一书。

旭烈兀西征时，中国发明的火药辗转经过阿拉伯而传入欧洲，对世界文明的发展作出了贡献。著名的全真道士丘处机和政治家耶律楚材都曾亲历中亚；旅行家常德奉使于旭烈兀，且远及呼罗珊诸地。

东西方之间政治、经济关系空前密切，人口交互迁移，文化上的交流也因此更为发达。中亚城邦中所习行的理算与商业斡脱组织等制度，都在元代的政治制度、社会生活中产生了影响。一些色目权臣，也多惯于把中亚的统治制度强行推行于汉地，这种情况直至成宗以后才有所改变。

回族的优秀科学成果如医学、天文学等传入中国后，受到元代人民的欢迎。著名的回族天文学家札马鲁丁在 1267 年进《万年历》，忽必烈曾一度下令颁行。札马鲁丁又创造了 7 件西域仪象，用来观测天文，元代为此专设有回族司天台。

札马鲁丁创造的 7 件天文仪器，一是混天仪，是一种多环相套的仪器，用青铜制造；二是测验周天星曜之器即方位仪；三是春秋分晷影堂，可以往来窥运，侧望漏屋晷影，验度数，以定春秋二分；四是冬夏至晷影堂，以定冬夏二至；五是浑天图即天象仪或天球仪；六是地球仪；七是昼夜时刻之器，是综合日晷、星晷的计时器。

当时一直有许多天文工作者在回族司天台从事天文和历法工作。在这里，天文学家郭守敬利用波斯天象图和演算结果，制造出了自己的仪器，并设计出了自己的日历《授时历》，该日历在稍作修改后在明朝被广泛使用。

回族司天台历经上百年，它书写了天文研究史上的辉煌篇章，永远是人类文明史上光亮的一页。

回族医学颇负盛名。元代在太医院下设广惠司，掌修制御用回族药物及和剂，以疗治诸宿卫及在京孤寒者。叙利亚人、景教徒爱薛是广惠司的创建人。回族药物与验方在当时社会上引起了普遍的重视，在秘书监中保存有《忒毕医经》13部。

大食人也黑迭儿是出色的建筑工程师，忽必烈时任茶迭儿局诸色人匠总管府达鲁花赤，兼领监宫殿。在大都宫城的设计中，心讲目算，指授肱麾，咸有成画。后与张柔等同行工部事，管领修筑宫城。

尼泊尔著名的绘画雕塑家阿尼哥，受元代帝师八思巴之招，率领匠师80人造黄金塔于吐蕃。后从八思巴入京，以塑绘和工巧著名一时，两都寺观的塑像，多数由他塑造。

制炮家阿老瓦丁和亦思马因是伊利汗阿八哈应忽必烈之命派遣来元代的，他们所造的巨炮即一种投石机，具有强大的摧毁力。元军攻破宋朝的襄阳与常州时，多借此种武器。

蒙古的几次大规模西征和四大汗国的建立，使中国与欧洲交往空前发展。欧洲的贡使、商人、旅行家和传教士络绎东来。其中，马可·波罗以他的游记著称于世。

马可·波罗在其《行纪》中说他曾奉使云南、江南及占城、印度诸地，在扬州做官3年。1291年，忽必烈应伊利汗国的请求，把阔阔真公主嫁给阿鲁浑汗。马可·波罗随同阿鲁浑使臣护送公主，由海道西行。于1292年左右抵达伊利汗国，完成了护送任务。

1295年，根据马可·波罗口述在旅途和在元代定居期间的见闻，整理出版的《马可·波罗行纪》，传播甚广，加强了欧洲人对东方的了解。

鄂多立克是罗马天主教圣方济各会修士，他是继马可波罗之后，来到中国的著名旅行者。鄂多立克著有《鄂多立克东游录》，在欧洲广为流传，为中、西文化交流做出了巨大贡献。

元代也派遣使者去欧洲。中国基督教聂思脱里派修道士、大都人列班·扫马与东胜州人麻古思，决意去耶路撒冷朝圣。他们得到忽必烈的准许，于1278年带圣旨文字随商队西行。抵巴格达后，因战争稽留在伊利汗国境内。

1280年，麻古思被任命为契丹与汪古部的大主教，改名为马儿亚伯剌罕。1281年，因马儿亚伯剌罕是蒙古人，而被选推为驻巴格达的聂思脱里的总主教，并得到阿八哈汗的核准。

列班·扫马的西行，促使罗马教皇尼古拉派遣传教士约翰·孟德科维诺前来东方联系并进行传教活动。1293年左右，约翰·孟德科维诺渡海来到大都，元成宗接见他，并允许在大都自由传教。

约翰·孟德科维诺在大都皇宫附近兴建了一座教堂，到1305年，先后洗礼人数达6000人。天主教在大都的传播，与约翰·孟德科维诺密切相关。

欧洲诸国通过海路和陆路直接与中国建立联系，多次派使臣、传教士和商人东来；中国也派使臣去欧洲诸国，规模之大，地域之广，超过了中国历史上任何一个朝代。

拓展阅读

成吉思汗西征时，曾经将一大批投附的官员、军卒、工匠和驱奴俘虏东来，这些人以后又辗转迁入内地。随后，有大批中亚的商贩和旅行家，沿着东西驿道，络绎东来。

在元代的文献中，把这些人泛称为"回回人"、"西域人"或"大食人"，统归为"色目人"。

色目人在内地的踪迹遍及城乡各处，但仍保持原有的习俗，往往在一个地方内聚居，并遵循自己的嫁娶丧葬和宗教信仰。这部分人对西方文化在中国的传播起到了积极的作用。

半开

　　明清两代是我国历史上的近世时期。在明清时期，中国社会的发展逐步落后，西方殖民者开始对中国殖民扩张和掠夺。

　　面对西方殖民者的扩张和掠夺，我国封建统治阶级对外政策由开放交往趋向闭关保守。但这一时期也不乏友好的中外经济文化往来，如郑和下西洋。

　　大批华侨南下后对南洋的开发和建设作出积极的贡献，西方传教士纷纷来华带来了西方的先进科技，同时又把中国的儒学等思想成果介绍给了西方。

明初万国来朝的外交盛景

元末明初，出身寒微的朱元璋在历史洪流中拔地而起，建立了明王朝。称帝以后，面对经济凋敝、民心浮动的社会现实，朱元璋及时地提出了"休养生息"的基本国策，制定了一系列以睦邻友好为核心的外交政策。

由于明成祖积极开展睦邻友好的外交活动，使数十个国家与明朝保持了良好的外交关系。

明朝前期对外交往活跃，郑和七下南洋，加强了明朝的对外经济文化交流。与郑和相得益彰的是先后5次远赴西域的外交家陈诚，他与郑和一海一陆，共同开创了"万国来朝"的盛景。

在明朝的对外交流中，郑和七下西洋，为推动历史的进步和当时的社会经济发展做出了重要贡献。

1405年，明成祖朱棣命正使郑和，副使王景弘率士兵2.8万余人出使西洋，造长44丈，宽18丈大船62艘，从苏州刘家河泛海到福建，再由福建五虎门扬帆，先到占城，即今越南中南部地区，后向爪哇方向南航，次年6月在爪哇三宝垄登陆，进行贸易。随后到三佛齐旧港、苏门答腊、满剌加、锡兰、古里等国家。1407年回国。

从1407年至1430年，郑和又前后6次下西洋。在最后一次出航的返航途中，郑和因劳累过度，于1433年在印度西海岸古里去世，船队由太监王景弘率领回到南京。

郑和七下西洋是我国古代历史上最后一件世界性的盛举，此举展示了明朝前期中国国力的强盛，中国的海军纵横大洋，实现了万国朝贡，盛世追迹汉唐。

与郑和七下西洋相比，另一个杰出外交家陈诚，以其坚韧的决心，无畏的斗志，先后5次西出阳关，远赴西域，与郑和共创"万国来朝"的外交盛景。

在当时，建国于今天新疆的"东察合台汗国"可汗黑的儿火者遣使入南京朝见朱元璋，从此正式确立了对明朝的藩属关系。然而东察合台汗国在奏章里对其西部邻国"帖木儿帝国"的描述，却引起了朱元璋的重视。

早在1387年，明朝在扫清北元残余势力获得捕鱼儿海大捷后，帖木儿即遣使至南京，尊奉大明王朝为"上国"，但是，根据法国历史学家布里哇的《帖木儿帝国》一书中的记录，"他的终身梦想就是解除对中国的臣服"。

鉴于以上情况，朱元璋准备派使节出镇西域，意图加强西北防务，而陈诚则承担了这个任务。

1396年冬，陈诚抵达柴达木盆地，招抚当地部落，并在柴达木盆地建立"安定卫""曲先卫""阿端卫"3个军事要地，并请朝廷派遣熟悉农务的官吏，在当地推广中原先进农业生产技术，发展生产。此举令当地游牧部落从此转为定居生活。

1413年9月，陈诚第二次出使帖木儿帝国。此次，陈诚走访当地知名宗族，商会，结好驻帖木儿国的各国使臣，更逐一驳斥许多逃到当地的故元遗臣对明朝的歪曲描述。中国使团带来的瓷器、丝绸等精美礼品，更在当地产生了轰动效应。

陈诚一行人返归南京后，向朱棣献上记录他出使心得以及中亚各地风貌的著作《西域行程记》和《西域番国志》。

1416年，陈诚率使团三赴西域，这次的主要任务是同西方各国议定每年互派商队的数量，达成贸易协定。

陈诚抵达帖木儿帝国，在与帖木儿帝国愉快达成商贸协议的同时，更赠予沙哈鲁一件他精心准备的礼物，即由明朝宫廷画师精心绘制，画有沙哈鲁进献给永乐皇帝宝马的《奔马图》。

沙哈鲁感动不已，不但热情招待了陈诚一行，更亲手写了一封致朱棣的书信，朱棣回复了一封同样热情洋溢的信件，坦言两国已"相隔虽远，而亲爱愈密，心心相印，如镜对照"。并希望从此后"两国臣民，共享太平安乐之福也。"两位当时东西方最强大帝国君主的通信，诚为"世界和平"的千古美谈。

1418年，陈诚第四次被派往西域出使。这次出使给帖木儿国带来了朱棣特命翻译的中国北魏贾思勰的《齐民要术》和北魏郦道元的《水经注》两部典籍，陈诚更主动与帖木儿国主管农业的官员接洽，详解书中的疑难之处。沙哈鲁还在其王宫里开辟了"试验田"，中国先进的农业灌溉技术从此在中亚地区广为传播。

陈诚归国时携中亚各国回访使团500人返归北京，朝见正筹谋北征蒙古的朱棣。朱棣特意派6000精锐骑兵从肃州开始一路护送。

此时北京周边重兵云集，旌旗招展，朱棣允准帖木儿使臣可在当地自由参观，各路部队不可妄加阻拦。更在明军"三千营"、"五军营"、"神机营"中挑选精兵，为使臣们表演马术骑射、步兵突击、火器操练等"军事科目"。

在历时半年的参观后，临归国前再次觐见，却齐行跪拜礼，叩首触地。帖木儿使团首领阿尔都沙更对朱棣坦诚相告：此次帖木儿国进献的"名马"，乃是沙哈鲁父亲帖木儿南征北战时的"御用坐骑"，素来是帖木儿国的"国宝"，这次进献给朱棣，正是"欲表示最敬之意也"。一番话令朱棣龙颜大悦，下令厚赐。

帖木儿使臣归国后，对此次出使的详情记录颇细，近现代西方史学家对明朝军事实力的研究，大多以此为依据。这次出使无疑收到了"不战而屈人之兵"的效果。

1424年1月，陈诚开始筹划他的第五次西域之行。使团于4月出发，5月到达甘肃时，忽传来朱棣病逝的消息，即位的明仁宗朱高炽下诏停止这次出使。陈诚在安抚了哈密、柴达木地区的少数民族部落后，于11月返回北京。

此时的明仁宗不务远略，大规模的出使行动遂中止，属于陈诚的舞台也就此结束了。

1428年，帖木儿国再派使节出使大明，并热情邀请大明派使节回访，其中坦言帖木儿国王沙哈鲁对陈诚挂念不已，希望大明再派陈诚出使。但最终被明宣宗婉拒。

陈诚五出西域，通好外邦，宣示大明国威，确为中世纪中国外交史的重要人物。而在中亚乃至西方，陈诚也声名远播，今天的乌兹别克斯坦、哈萨克斯坦等地，都保留了不少陈诚使团当年出使的遗迹。

明朝与葡萄牙也有往来。欧洲进入大航海时代后，葡萄牙人就持续开拓前往印度、中国的航路，1511年葡萄牙占领马六甲后，就意图在中国建立贸易据点。1513年，葡萄牙国王曼努埃尔一世为与明朝通商，派出使节团前往中国。

葡萄牙使节团本来想在广州登陆，但被拒绝入境。他们改以武力占据屯门，与明朝爆发屯门海战、西草湾之战，结果葡萄牙战败。最后明世宗嘉靖皇帝同意入境，并且让葡萄牙人在澳门开设洋行，修建洋房，允许他们每年来广州"越冬"。

这是西方列强第一次正式的登陆中国。在此之后，西班牙、荷兰、英国等欧洲国家相继派使团东来，使得不少西洋事物传入中国。

在与欧洲的交往中，与明朝有深厚关系的是被派到中国的意大利传教士利玛窦。1582年，利玛窦奉命前往中国教区工作。利玛窦在中国很快学会中文，并穿儒服、通儒书，颇得明朝士大夫好感。

后来，利玛窦被举荐到北京，颇得明神宗信任。他向中国进献堪舆万国全图、自鸣钟、日晷、西洋大炮、望远镜、火枪、西药、圣母玛利亚像、十字架等贡品，先后在北京、肇庆等地展出。

利玛窦不仅传播天主教，还启发徐光启、李之藻等人学习西学。

另外他还将中国各种文化传入欧洲，如儒家思想、佛道学说、围棋等，可谓"贯通中西第一人"。

由于明初实施朝贡体制，朝贡贸易薄来厚往，许多日本人冒充朝贡使者来赚取好处。日本实际上是处于割据状态，没有统一的中央政权，很多到中国来冒充朝贡使者的日本人没有日本政府的管辖，朝贡后他们滞留在中国沿海抢劫。这就是明初的倭寇。倭寇逐渐势大，对明朝的海疆构成严重威胁。

为防止倭寇，朱元璋就颁布海禁政策。从此之后，如果要来中国做生意，必需朝贡兼贸易，否则不予，这就是所谓的"朝贡贸易"，兼具有怀柔拉拢周围国家的用途。后来到明世宗时期，彻底实行海禁，断绝对日贸易。直到戚继光等名将力行抗倭，倭寇才被剿清，海疆形势才趋于平静。

拓展阅读

陈诚二次出使帖木儿帝国期间，以其优雅的大国使节风范，得到了沙哈鲁的敬重。但沙哈鲁麾下大将阿哈黑却当场发难，指责明朝是驱元而起，素来是蒙古人仇敌，此来不可不防。

陈诚则坦言国家兴亡，在德不在威。接着一一列举元朝遗留旧臣在明朝受到优待的事实，并正告帖木儿国君臣：明朝与帖木儿国的通好，是行德安民之举，若再起争执，只会"祸连贵国苍生"。

有礼有节的应对令帖木儿国君臣上下叹服，阿哈黑当场被沙哈鲁下狱。

清代的中外经济文化交流

清朝在鸦片战争前200年间，执行禁海闭关的政策，并将这一宗旨贯彻始终。但从形式上看，清王朝禁海闭关的时间并不很长，严格的禁闭只有从顺治至康熙年间的30年时间，其他都是部分或临时的。

除此之外，对外交流基本上是开放的。因此，清代对外继续保持着传统的友好关系，通过陆路和海陆与世界各国在经济文化上进行交流。

闭关这一政策对西方殖民者的侵略活动，从一定程度上打击和限制了猖獗的海上走私以及海盗行为。对沿海地区的稳定起到了积极作用。

在清王朝统治初期实行禁海时，英国、荷兰就不断入侵广州和福建沿海，公开或秘密进行贸易。1684年开放海禁以后，清王朝正式设置江（上海）、浙（宁波）、闽（厦门）、粤（广州）四海关，开放对外贸易。

但西方殖民主义国家并不以此为满足，他们要求扩大和丝、茶产区邻近的厦门和宁波的贸易，甚至企图深入丝、茶产区，建立贸易据点。这不能不引起乾

隆帝的警惕，因此清王朝便下令关闭广州以外各口，只许西方商人在广州贸易。

清王朝对出口商品的限禁，首先是出于政治上的原因。火炮、军器是绝对禁止出口的，甚至包括铁锅在内。显然，从军火到铁锅的限禁，都不是出于经济上的考虑，而是着眼于国防的安全，防止外国的侵略。在"尺铁不许出洋"的禁令下，清王朝和世界各国的联系，对外经济贸易和文化交流均有所发展和提高。

我国西部和中亚细亚接壤。清朝统治时期，在塔克拉玛干沙漠南北两侧的两条主要商道上，北路的吉昌，店铺栉比，繁华富庶。南路的莎车，货物堆积，人流很大，成为当时对外贸的大城市。

我国和西南诸邻国的陆路贸易，也有长久的历史。在西藏，以札什伦布为枢纽，有一条南向的传统国际商道，经不丹以达孟加拉。

在这条商道上，除了尼泊尔、不丹和西藏的直接贸易以外，还有从孟加拉输入的棉花、皮革、烟草、染料、珍珠、珊瑚以及剪刀、眼镜一类日用品。由西藏输出的，则以岩盐、金砂、硼砂、麝香为大宗。

远离海洋的西藏人，把珍珠、珊瑚看成是"最宝贵的珍饰"，而西藏出产的金砂，经由尼泊尔流入印度，也使尼泊尔享有"黄金之国"的盛名。

在我国和中南半岛上的越南、暹罗与缅甸诸邻国的陆路贸易中，缅甸居于比较重要的地位。从云南的大理到缅甸的八莫，是几个世纪以来传统的商道。尽管在八莫和大理之间横着怒江和澜沧江，道路艰险，但是沿着这条商道的贸易却没有中断过。

到18世纪中叶，中缅发生冲突止，两国之间维持了将近百年的和平局面，贸易也得到相应的发展。这时运载生丝和其他货物到缅甸的商队，常常需用三四百头公牛，有时使用的马达2000匹之多。

清王朝由于中缅战争而封闭了边境贸易，但民间贸易往来并未完全停止。战争经历3年，边境尚有市肆。两国恢复通商后，中缅两国的贸易关系获得了进一步发展。

我国商人在原有的商道以外，又沿着阿瓦河用大船满载丝线、纸张、茶叶、果品以及各项什货，从云南境内运到缅甸京城，回程则载运棉花、食盐、羽毛和黑漆。黑漆运回我国，经过掺和香料加工以后，便成为驰名的商品，这就是"中国油漆"。19世纪初，中缅陆路贸易又有进一步的扩大。

中越之间建立了比较密切的商业联系。清朝初期，闽粤一带人民曾经大量移入越南。当时自北部谅山至中部广义的14省中，都有他们的足迹。18世纪中叶后，广西与越南之间的陆路贸易更加频繁。当时内地赴越南贸易的商民，多从广西平而、水口两关出口。

平而、水口两关商人，在越南之高凭镇牧马庸立市；由村隘来商，在谅山镇之驱驴庸立市。其中驱驴庸

地方，为各处货物聚散之所。越南方面，还另在谅山镇属之花山添设店铺，招徕商人。

清代和东方邻国朝鲜的贸易，一向以陆路为主。清朝入关以后，维持定期市易的办法。乾隆时期，会宁、庆源每逢开市，商人云集，我国商人前往会宁市易者，一次可达200余名。市上交易的货物，从药材、纸张、毛皮、麻布到牲畜、农具、食盐、渔产，极一时之盛。

在清代时海上邻国的贸易，包括日本、朝鲜、琉球以及印度以东伊里安岛、菲律宾群岛以西的大片地区。其中马来半岛、苏门答腊以东的南洋地区，海上贸易有比较显著的发展。有些地方则出现相对的衰落。

中国和日本一衣带水，民间在很早就有贸易往来。清王朝建立之初，中日之间的贸易，有了进一步的增进。当时清王朝为了铸钱币的需要，每年都从日本进口大量黄铜，我国输至日本的货物，则以绸缎、丝巾、食糖、药材为大宗。为经营这些贸易而开赴日本的商船迅速增加。

清代和马来半岛之间的海上贸易，有比较显著的发展。我国商人在17世纪的后半期，纷纷从马六甲转向荷兰殖民势力尚未到达的柔佛、槟榔等地，开辟新的活动场所。

柔佛在马来半岛的南端。17世纪60年代，这里已成为南洋贸易的一个中心。我国商人从国内运来茶叶、烟草和陶瓷器皿，参加贸易的马来亚人不怕荷兰殖民主义者的报复，也纷纷把当地的产品卖给我国商人。

到了18世纪中期，参加贸易的商人已由广东扩大到福建、浙江等省；参加贸易的商品，也由茶叶、陶器扩大到蚕丝。在柔佛以外，整个半岛东岸的丁机奴、彭亨和吉兰单，通市不绝。

槟榔是马来半岛西岸，马六甲以北的一个小岛。大约是在18世纪80年代，我国侨民和当地的马来亚人开垦了400英亩以上的土地。这些勤苦而安稳的中国人，从事着几乎所有的手工业和零售商业的绝大部分。

18世纪终了之时，这里的华侨增加到了3000多人，他们中间，有木工、石工、铁工，还有从事种植的工人。他们为开发这个地方，做出了巨大的贡献。华侨开发南洋，产生了深远的历史性影响。

进入19世纪以后，新加坡在马来半岛的商业地位急速上升，取代了马六甲、柔佛、槟榔，而成为南洋贸易的中心。

新加坡是我国南海通印度洋必经之地。1824年以后，开往新加坡的我国帆船迅速增加，最多一年达到250多艘。往来于我国和新加坡之间的货物，其价值每次都在200万元以上。这种情形，一直维持到鸦片战争。

清代和暹罗的海上贸易甚为密切。18世纪以至19世纪初，中暹两国民间海上贸易继续得到发展。18世纪初叶，暹罗大米开始输入我国。这适应了清王朝的需要，受到清政府的鼓励。

到了19世纪初，每年开往暹罗的我国商船，达到18艘左右。从暹罗运来我国的货物，有大米、食糖、苏木、槟榔等，我国运往暹罗的，则有生丝、铜器以及各项杂品，甚至剃头刀，也从广东进口。

清代和越南的民间海上贸易，主要是居住在这里的华侨进行的。他们经营从宁波、厦门等地运来的茶叶、生丝、药材、纸张、布匹、瓷器和铜器等，有时还从日本运来货物，在这里行销。同时又把越南的货物，如象牙、槟榔、胡椒、燕窝、藤黄、牛角以及黄金等，运回我国。

进入19世纪以后，两国民间贸易，发展迅速。19世纪30年代，开往越南的清代商船，每年都在百艘以上，共达2万多吨。一直到西方殖民主义势力侵占越南之前，中越贸易维持着顺利的发展。

在苏门答腊和伊里安岛之间的南洋群岛，是我国商人海外贸易活动的主要地区。在这一片广大的海域中，几乎每一个岛上都有过我国商人的踪迹。其中苏门答腊、爪哇和加里曼丹，是3个贸易集中地。

我国和菲律宾的民间贸易往来，长期维持友好的关系。菲律宾的华侨经济，也不顾西班牙殖民主义者的阻禁，仍然得到一定的发展。

我国丝绸不仅为菲律宾人所喜爱，而且通过菲律宾，远航到墨西哥，受到广泛的欢迎。18世纪40年代，菲律宾的华侨已经达到4万人。在马尼拉的华侨区"巴里安"里，几条街上都有我国商人贩卖丝绸、瓷器和其他商品的大商店。

清朝政府在鸦片战争之前，随着清代与世界各国经济贸易的发展，各国之间的联系日益密切，清代的对外文化交流也不断进展。

汉字文化圈中的日本、朝鲜、越南三国与清朝的文人学者之间在文字上的往来与友谊，留下了不少佳话。清朝的医生、画家们东渡日本，日本人的汉诗和有关我国古典的研究，受到清朝学者称赞。

越南著名文学家阮攸长于汉诗，他用字喃所著，至今家喻户晓的长诗《金云翘传》，渊源于我国的同名小说。

大批华侨把我国的种植和手工业技术以及生活习俗等带到东南亚，在那里生根开花。

《三国演义》等著名古典小说，经华侨传入泰国，译成泰语，至今受到泰国人民的广泛喜爱。

在欧洲，启蒙运动者初步接触儒家学说，对于孔子伦理道德的主张和重视教育的思想，以及儒家的自然观和政治理想，如大一统及仁君统治等，都感到有巨大吸引力，极为推崇，并力求为其所用。

早已为朝鲜、越南所仿效的以考试选拔官吏的方式，18世纪末法国开始采用，以后英国继之，成为沿袭至今的文官考试制度。

欧洲东来的传教士汤若望、南怀仁等，受到清政府重视，以外国人管理钦天监。还有的教士从事绘画、园林建筑等，圆明园是他们融会了法国、意大利及东方园林艺术特征的精心之作，其"万园之园"之称，象征着东西文化交流的最高结晶。

到了鸦片战争以后，启蒙思想家魏源等突破传统观念，开始萌发向西方学习的新思潮。及至洋务派提出"中学为体，西学为用"，则为西学的传入提供了更多条件。

拓展阅读

清代文化外传时，德国诗人、自然科学家、文艺理论家和政治人物歌德接触了中国的艺术、文化和历史。在歌德的诗文中可以找到很多关于中国艺术的评论。

例如他在《罗马教皇的地毯》中写道："地毯上的针线代替了准绳和锡棒，一切艺术与技术最初都是从这种风格开始的；以同样方式做成的宝贵的中国地毯就在我们的眼前。"

歌德接触过极其有限的中国文学作品，便颇为倾倒地说："他们开始创作的时候，我们的祖先还在树林里生活呢！"